Friedrich Schiller

Maria Stuart

Trauerspiel in fünf Aufzügen

Mit Anmerkungen von Christian Grawe
und einem entstehungsgeschichtlichen
Anhang von Dietrich Bode

Philipp Reclam jun. Stuttgart

Erläuterungen und Dokumente zu Schillers *Maria Stuart*,
herausgegeben von Christian Grawe, liegen unter Nr. 8143
in Reclams Universal-Bibliothek vor.

Universal-Bibliothek Nr. 64
Alle Rechte vorbehalten
© 1965, 1990 Philipp Reclam jun. GmbH & Co., Stuttgart
Um Anmerkungen ergänzte Ausgabe 1990
Gesamtherstellung: Reclam, Ditzingen. Printed in Germany 1998
RECLAM und UNIVERSAL-BIBLIOTHEK sind eingetragene Marken
der Philipp Reclam jun. GmbH & Co., Stuttgart
ISBN 3-15-000064-5

PERSONEN

Elisabeth, *Königin von England*

Maria Stuart, *Königin von Schottland, Gefangne in England*

Robert Dudley, *Graf von Leicester*

Georg Talbot, *Graf von Shrewsbury*

Wilhelm Cecil, *Baron von Burleigh, Großschatzmeister*

Graf von Kent

Wilhelm Davison, *Staatssekretär*

Amias Paulet, *Ritter, Hüter der Maria*

Mortimer, *sein Neffe*

Graf Aubespine, *französischer Gesandter*

Graf Bellievre, *außerordentlicher Botschafter von Frankreich*

Okelly, *Mortimers Freund*

Drugeon Drury, *zweiter Hüter der Maria*

Melvil, *ihr Haushofmeister*

Burgoyn, *ihr Arzt*

Hanna Kennedy, *ihre Amme*

Margareta Kurl, *ihre Kammerfrau*

Sheriff *der Grafschaft*

Offizier der Leibwache

Französische und englische Herren

Trabanten

Hofdiener *der Königin von England*

Diener und Dienerinnen *der Königin von Schottland*

ERSTER AUFZUG

Im Schloß zu Fotheringhay. – Ein Zimmer.

ERSTER AUFTRITT

Hanna Kennedy, Amme der Königin von Schottland, in heftigem Streit mit Paulet, der im Begriff ist, einen Schrank zu öffnen. Drugeon Drury, sein Gehilfe, mit Brecheisen.

Kennedy.
Was macht Ihr, Sir? Welch neue Dreistigkeit!
Zurück von diesem Schrank!
Paulet.   Wo kam der Schmuck her?
Vom obern Stock ward er herabgeworfen,
Der Gärtner hat bestochen werden sollen
Mit diesem Schmuck – Fluch über Weiberlist!
Trotz meiner Aufsicht, meinem scharfen Suchen
Noch Kostbarkeiten, *noch* geheime Schätze!
(Sich über den Schrank machend.)
Wo das gesteckt hat, liegt noch mehr!
Kennedy.   Zurück, Verwegner!
Hier liegen die Geheimnisse der Lady.
Paulet.
Die eben such ich. *(Schriften hervorziehend.)*
Kennedy.   Unbedeutende   10
Papiere, bloße Übungen der Feder,
Des Kerkers traur'ge Weile zu verkürzen.
Paulet.
In müß'ger Weile schafft der böse Geist.
Kennedy.
Es sind französische Schriften.
Paulet.   Desto schlimmer!
Die Sprache redet Englands Feind.
Kennedy.   Konzepte
Von Briefen an die Königin von England.

P a u l e t.
    Die überliefr' ich – Sieh! Was schimmert hier?
    (Er hat einen geheimen Ressort geöffnet und zieht aus
    einem verborgnen Fach Geschmeide hervor.)
    Ein königliches Stirnband, reich an Steinen,
    Durchzogen mit den Lilien von Frankreich!
    (Er gibt es seinem Begleiter.)
    Verwahrt's, Drury. Legt's zu dem übrigen!   20
            (Drury geht ab.)
K e n n e d y. O schimpfliche Gewalt, die wir erleiden!
P a u l e t.
    Solang sie noch besitzt, kann sie noch schaden,
    Denn alles wird Gewehr in ihrer Hand.
K e n n e d y.
    Seid gütig, Sir. Nehmt nicht den letzten Schmuck
    Aus unserm Leben weg! Die Jammervolle
    Erfreut der Anblick alter Herrlichkeit,
    Denn alles andre habt Ihr uns entrissen.
P a u l e t. Es liegt in guter Hand. Gewissenhaft
    Wird es zu seiner Zeit zurückgegeben!
K e n n e d y. Wer sieht es diesen kahlen Wänden an,   30
    Daß eine Königin hier wohnt? Wo ist
    Die Himmeldecke über ihrem Sitz?
    Muß sie den zärtlich weichgewöhnten Fuß
    Nicht auf gemeinen rauhen Boden setzen?
    Mit grobem Zinn – die schlechtste Edelfrau
    Würd' es verschmähn – bedient man ihre Tafel.
P a u l e t. So speiste sie zu Sterlyn ihren Gatten,
    Da sie aus Gold mit ihrem Buhlen trank.
K e n n e d y.
    Sogar des Spiegels kleine Notdurft mangelt.
P a u l e t. Solang sie noch ihr eitles Bild beschaut,   40
    Hört sie nicht auf, zu hoffen und zu wagen.
K e n n e d y.
    An Büchern fehlt's, den Geist zu unterhalten.
P a u l e t. Die Bibel ließ man ihr, das Herz zu bessern.
K e n n e d y. Selbst ihre Laute ward ihr weggenommen.
P a u l e t. Weil sie verbuhlte Lieder drauf gespielt.
K e n n e d y.
    Ist das ein Schicksal für die Weicherzogne,

Die in der Wiege Königin schon war,
Am üpp'gen Hof der Municeerin
In jeder Freuden Fülle aufgewachsen!
Es sei genug, daß man die Macht ihr nahm,   50
Muß man die armen Flitter ihr mißgönnen?
In *großes* Unglück lehrt ein edles Herz
Sich endlich finden, aber wehe tut's,
Des Lebens kleine Zierden zu entbehren.

P a u l e t. Sie wenden nur das Herz dem Eiteln zu,
Das in sich gehen und bereuen soll.
Ein üppig lastervolles Leben büßt sich
In Mangel und Erniedrigung allein.

K e n n e d y. Wenn ihre zarte Jugend sich verging,
Mag sie's mit Gott abtun und ihrem Herzen –   60
In England ist kein Richter über sie.

P a u l e t. Sie wird gerichtet, wo sie frevelte.

K e n n e d y. Zum Freveln fesseln sie zu enge Bande.

P a u l e t. Doch wußte sie aus diesen engen Banden
Den Arm zu strecken in die Welt, die Fackel
Des Bürgerkrieges in das Reich zu schleudern
Und gegen unsre Königin, die Gott
Erhalte, Meuchelrotten zu bewaffnen.
Erregte sie aus diesen Mauern nicht
Den Böswicht Parry und den Babington   70
Zu der verfluchten Tat des Königsmords?
Hielt dieses Eisengitter sie zurück,
Das edle Herz des Norfolk zu umstricken?
Für sie geopfert fiel das beste Haupt
Auf dieser Insel unterm Henkerbeil –
Und schreckte dieses jammervolle Beispiel
Die Rasenden zurück, die sich wetteifernd
Um ihrentwillen in den Abgrund stürzen?
Die Blutgerüste füllen sich für sie
Mit immer neuen Todesopfern an,   80
Und das wird nimmer enden, bis sie selbst,
Die Schuldigste, darauf geopfert ist.
– O Fluch dem Tag, da dieses Landes Küste
Gastfreundlich diese Helena empfing.

K e n n e d y.
Gastfreundlich hätte England sie empfangen?

Die Unglückselige, die seit dem Tag,
Da sie den Fuß gesetzt in dieses Land,
Als eine Hilfeflehende, Vertriebne
Bei der Verwandten Schutz zu suchen kam,
Sich wider Völkerrecht und Königswürde   90
Gefangen sieht, in enger Kerkerhaft
Der Jugend schöne Jahre muß vertrauern –
Die jetzt, nachdem sie alles hat erfahren,
Was das Gefängnis Bittres hat, gemeinen
Verbrechern gleich, vor des Gerichtes Schranken
Gefordert wird und schimpflich angeklagt
Auf Leib und Leben – eine Königin!
P a u l e t. Sie kam ins Land als eine Mörderin,
Verjagt von ihrem Volk, des Throns entsetzt,
Den sie mit schwerer Greueltat geschändet.   100
Verschworen kam sie gegen Englands Glück,
Der spanischen Maria blut'ge Zeiten
Zurückzubringen, Engelland katholisch
Zu machen, an den Franzmann zu verraten.
Warum verschmähte sie's, den Edinburger
Vertrag zu unterschreiben, ihren Anspruch
An England aufzugeben und den Weg
Aus diesem Kerker schnell sich aufzutun
Mit einem Federstrich? Sie wollte lieber
Gefangen bleiben, sich mißhandelt sehn,   110
Als dieses Titels leerem Prunk entsagen.
Weswegen tat sie das? Weil sie den Ränken
Vertraut, den bösen Künsten der Verschwörung,
Und unheilspinnend diese ganze Insel
Aus ihrem Kerker zu erobern hofft.
K e n n e d y. Ihr spottet, Sir – Zur Härte fügt Ihr noch
Den bittern Hohn! *Sie* hegte solche Träume,
Die hier lebendig eingemauert lebt,
Zu der kein Schall des Trostes, keine Stimme
Der Freundschaft aus der lieben Heimat dringt,   120
Die längst kein Menschenangesicht mehr schaute
Als ihrer Kerkermeister finstre Stirn,
Die erst seit kurzem einen neuen Wächter
Erhielt in Eurem rauhen Anverwandten,
Von neuen Stäben sich umgittert sieht –

P a u l e t.　Kein Eisengitter schützt vor ihrer List.
　Weiß ich, ob diese Stäbe nicht durchfeilt,
　Nicht dieses Zimmers Boden, diese Wände,
　Von außen fest, nicht hohl von innen sind
　Und den Verrat einlassen, wenn ich schlafe?　　　130
　Fluchvolles Amt, das mir geworden ist,
　Die unheilbrütend Listige zu hüten.
　Vom Schlummer jagt die Furcht mich auf, ich gehe
　Nachts um, wie ein gequälter Geist, erprobe
　Des Schlosses Riegel und der Wächter Treu'
　Und sehe zitternd jeden Morgen kommen,
　Der meine Furcht wahr machen kann. Doch wohl mir!
　Wohl! Es ist Hoffnung, daß es bald nun endet.
　Denn lieber möcht' ich der Verdammten Schar
　Wachstehend an der Höllenpforte hüten,　　　140
　Als diese ränkevolle Königin.
K e n n e d y.
　Da kommt sie selbst!
P a u l e t.　　　　　　Den Christus in der Hand,
　Die Hoffart und die Weltlust in dem Herzen.

ZWEITER AUFTRITT

Maria im Schleier, ein Kruzifix in der Hand. Die Vorigen.

K e n n e d y *(ihr entgegeneilend).*
　O Königin! Man tritt uns ganz mit Füßen,
　Der Tyrannei, der Härte wird kein Ziel,
　Und jeder neue Tag häuft neue Leiden
　Und Schmach auf dein gekröntes Haupt.
M a r i a.　　　　　　　　　　　Faß dich!
　Sag an, was neu geschehen ist?
K e n n e d y.　　　　　　　Sieh her!
　Dein Pult ist aufgebrochen, deine Schriften,
　Dein einz'ger Schatz, den wir mit Müh' gerettet,　　150
　Der letzte Rest von deinem Brautgeschmeide
　Aus Frankreich ist in seiner Hand. Du hast nun
　Nichts Königliches mehr, bist ganz beraubt.
M a r i a.　Beruhige dich, Hanna. Diese Flitter machen
　Die Königin nicht aus. Man kann uns niedrig

Behandeln, nicht erniedrigen. Ich habe
In England mich an viel gewöhnen lernen,
Ich kann auch das verschmerzen. Sir, Ihr habt Euch
Gewaltsam zugeeignet, was ich Euch
Noch heut zu übergeben willens war.   160
Bei diesen Schriften findet sich ein Brief,
Bestimmt für meine königliche Schwester
Von England – Gebt mir Euer Wort, daß Ihr
Ihn redlich an sie selbst wollt übergeben
Und nicht in Burleighs ungetreue Hand.
P a u l e t. Ich werde mich bedenken, was zu tun ist.
M a r i a. Ihr sollt den Inhalt wissen, Sir. Ich bitte
In diesem Brief um eine große Gunst –
Um eine Unterredung mit ihr selbst,
Die ich mit Augen nie gesehn – Man hat mich   170
Vor ein Gericht von Männern vorgefordert,
Die ich als meinesgleichen nicht erkennen,
Zu denen ich kein Herz mir fassen kann.
Elisabeth ist meines Stammes, meines
Geschlechts und Ranges – Ihr allein, der Schwester,
Der Königin, der Frau kann ich mich öffnen.
P a u l e t. Sehr oft, Mylady, habt Ihr Euer Schicksal
Und Eure Ehre Männern anvertraut,
Die Eurer Achtung minder würdig waren.
M a r i a. Ich bitte noch um eine zweite Gunst,   180
Unmenschlichkeit allein kann mir sie weigern.
Schon lange Zeit entbehr ich im Gefängnis
Der Kirche Trost, der Sakramente Wohltat.
Und die mir Kron' und Freiheit hat geraubt,
Die meinem Leben selber droht, wird mir
Die Himmelstüre nicht verschließen wollen.
P a u l e t.
     Auf Euren Wunsch wird der Dechant des Orts –
M a r i a (unterbricht ihn lebhaft).
     Ich will nichts vom Dechanten. Einen Priester
Von meiner eignen Kirche fordre ich.
     – Auch Schreiber und Notarien verlang ich,   190
Um meinen letzten Willen aufzusetzen.
Der Gram, das lange Kerkerelend nagt
An meinem Leben. Meine Tage sind

Gezählt, befürcht ich, und ich achte mich
Gleich einer Sterbenden.
P a u l e t.   Da tut Ihr wohl,
Das sind Betrachtungen, die Euch geziemen.
M a r i a. Und weiß ich, ob nicht eine schnelle Hand
Des Kummers langsames Geschäft beschleunigt?
Ich will mein Testament aufsetzen, will
Verfügung treffen über das, was mein ist.   200
P a u l e t. Die Freiheit habt Ihr. Englands Königin
Will sich mit Eurem Raube nicht bereichern.
M a r i a. Man hat von meinen treuen Kammerfrauen,
Von meinen Dienern mich getrennt — Wo sind sie?
Was ist ihr Schicksal? Ihrer Dienste kann ich
Entraten, doch beruhigt will ich sein,
Daß die Getreun nicht leiden und entbehren.
P a u l e t. Für Eure Diener ist gesorgt.
(Er will gehen.)
M a r i a. Ihr geht, Sir? Ihr verlaßt mich abermals,
Und ohne mein geängstigt fürchtend Herz   210
Der Qual der Ungewißheit zu entladen.
Ich bin, dank Eurer Späher Wachsamkeit,
Von aller Welt geschieden, keine Kunde
Gelangt zu mir durch diese Kerkermauern,
Mein Schicksal liegt in meiner Feinde Hand.
Ein peinlich langer Monat ist vorüber,
Seitdem die vierzig Kommissarien
In diesem Schloß mich überfallen, Schranken
Errichtet, schnell, mit unanständiger Eile,
Mich unbereitet, ohne Anwalts Hilfe,   220
Vor ein noch nie erhört Gericht gestellt,
Auf schlaugefaßte schwere Klagepunkte
Mich, die Betäubte, Überraschte, flugs
Aus dem Gedächtnis Rede stehen lassen —
Wie Geister kamen sie und schwanden wieder.
Seit diesem Tage schweigt mir jeder Mund,
Ich such umsonst in Eurem Blick zu lesen,
Ob meine Unschuld, meiner Freunde Eifer,
Ob meiner Feinde böser Rat gesiegt.
Brecht endlich Euer Schweigen — laßt mich wissen,   230
Was ich zu fürchten, was zu hoffen habe.

P a u l e t *(nach einer Pause).*
    Schließt Eure Rechnung mit dem Himmel ab.
M a r i a. Ich hoff auf seine Gnade, Sir – und hoffe
    Auf strenges Recht von meinen ird'schen Richtern.
P a u l e t. Recht soll Euch werden. Zweifelt nicht daran.
M a r i a.
    Ist mein Prozeß entschieden, Sir?
P a u l e t.   Ich weiß nicht.
M a r i a. *Bin* ich verurteilt?
P a u l e t.   Ich weiß nichts, Mylady.
M a r i a.
    Man liebt hier rasch zu Werk zu gehn. Soll mich
    Der Mörder *überfallen*, wie die Richter?
P a u l e t. Denkt immerhin, es sei so, und er wird Euch 240
    In beßrer Fassung dann, als diese, finden.
M a r i a. Nichts soll mich in Erstaunen setzen, Sir,
    Was ein Gerichtshof in Westminsterhall,
    Den Burleighs Haß und Hattons Eifer lenkt,
    Zu urteln sich erdreiste – Weiß ich doch,
    Was Englands Königin wagen darf zu *tun*.
P a u l e t.
    Englands Beherrscher brauchen nichts zu scheuen
    Als ihr Gewissen und ihr Parlament.
    Was die Gerechtigkeit gesprochen, furchtlos,
    Vor aller Welt wird es die Macht vollziehn.   250

DRITTER AUFTRITT

*Die Vorigen. Mortimer, Paulets Neffe, tritt herein und,
ohne der Königin einige Aufmerksamkeit zu bezeugen, zu
Paulet.*

M o r t i m e r.
    Man sucht Euch, Oheim.
*(Er entfernt sich auf ebendie Weise. Die Königin bemerkt
es mit Unwillen und wendet sich zu Paulet, der ihm folgen will.)*
M a r i a.   Sir, noch eine Bitte.
    Wenn *Ihr* mir was zu sagen habt – von Euch
    Ertrag ich viel, ich ehre Euer Alter.

Den Übermut des Jünglings trag ich nicht,
Spart mir den Anblick seiner rohen Sitten.
P a u l e t.
    Was ihn Euch widrig macht, macht mir ihn wert.
    Wohl ist es keiner von den weichen Toren,
    Die eine falsche Weiberträne schmelzt –
    Er ist gereist, kommt aus Paris und Reims
    Und bringt sein treu altenglisch Herz zurück: 260
    Lady, an dem ist Eure Kunst verloren! *(Geht ab.)*

VIERTER AUFTRITT

Maria. Kennedy.

K e n n e d y. Darf Euch der Rohe das ins Antlitz sagen!
    Oh, es ist hart!
M a r i a *(in Nachdenken verloren).*
    Wir haben in den Tagen unsers Glanzes
    Dem Schmeichler ein zu willig Ohr geliehn;
    Gerecht ist's, gute Kennedy, daß wir
    Des Vorwurfs ernste Stimme nun vernehmen.
K e n n e d y. Wie? so gebeugt, so mutlos, teure Lady?
    Wart Ihr doch sonst so froh, Ihr pflegtet mich zu
                                           trösten,   270
    Und eher mußt' ich Euren Flattersinn
    Als Eure Schwermut schelten.
M a r i a.   Ich erkenn ihn.
    Es ist der blut'ge Schatten König Darnleys,
    Der zürnend aus dem Gruftgewölbe steigt,
    Und er wird nimmer Friede mit mir machen,
    Bis meines Unglücks Maß erfüllet ist.
K e n n e d y.
    Was für Gedanken –
M a r i a.   Du vergissest, Hanna –
    Ich aber habe ein getreu Gedächtnis –
    Der Jahrstag dieser unglückseligen Tat
    Ist heute abermals zurückgekehrt,
    Er ist's, den ich mit Buß' und Fasten feire.   280
K e n n e d y. Schickt endlich diesen bösen Geist zur Ruh'.
    Ihr habt die Tat mit jahrelanger Reu',

        Mit schweren Leidensproben abgebüßt.
        Die Kirche, die den Löseschlüssel hat
        Für jede Schuld, der Himmel hat vergeben.
    M a r i a. Frischblutend steigt die längst vergebne Schuld
        Aus ihrem leichtbedeckten Grab empor!
        Des Gatten racheforderndes Gespenst
        Schickt keines Messedieners Glocke, kein
        Hochwürdiges in Priesters Hand zur Gruft.   290
    K e n n e d y.
        Nicht Ihr habt ihn gemordet! Andre taten's!
    M a r i a. Ich wußte drum. Ich ließ die Tat geschehn
        Und lockt' ihn schmeichelnd in das Todesnetz.
    K e n n e d y. Die Jugend mildert Eure Schuld. Ihr wart
        So zarten Alters noch.
    M a r i a.   So zart – und lud
        Die schwere Schuld auf mein so junges Leben.
    K e n n e d y. Ihr wart durch blutige Beleidigung
        Gereizt und durch des Mannes Übermut,
        Den Eure Liebe aus der Dunkelheit,
        Wie eine Götterhand, hervorgezogen,   300
        Den Ihr durch Euer Brautgemach zum Throne
        Geführt, mit Eurer blühenden Person
        Beglückt und Eurer angestammten Krone.
        Konnt' er vergessen, daß sein prangend Los
        Der Liebe großmutsvolle Schöpfung war?
        Und doch vergaß er's, der Unwürdige!
        Beleidigte mit niedrigem Verdacht,
        Mit rohen Sitten Eure Zärtlichkeit,
        Und widerwärtig wurd' er Euren Augen.
        Der Zauber schwand, der Euren Blick getäuscht,   310
        Ihr floht erzürnt des Schändlichen Umarmung
        Und gabt ihn der Verachtung preis – Und er –
        Versucht' er's, Eure Gunst zurückzurufen?
        Bat er um Gnade? Warf er sich bereuend
        Zu Euren Füßen, Besserung versprechend?
        Trotz bot Euch der Abscheuliche – Der Euer
        Geschöpf war, Euren König wollt' er spielen,
        Vor Euren Augen ließ er Euch den Liebling,
        Den schönen Sänger Rizzio, durchbohren –
        Ihr rächtet blutig nur die blut'ge Tat.   320

Maria.
>   Und blutig wird sie auch an mir sich rächen,
>   Du sprichst mein Urteil aus, da du mich tröstest.

Kennedy.
>   Da Ihr die Tat geschehn ließt, wart Ihr nicht
>   Ihr selbst, gehörtet Euch nicht selbst. Ergriffen
>   Hatt' Euch der Wahnsinn blinder Liebesglut,
>   Euch unterjocht dem furchtbaren Verführer,
>   Dem unglückfel'gen Bothwell – Über Euch
>   Mit übermüt'gem Männerwillen herrschte
>   Der Schreckliche, der Euch durch Zaubertränke,
>   Durch Höllenkünste das Gemüt verwirrend,   330
>   Erhitzte –

Maria.   Seine Künste waren keine andre
>   Als seine Männerkraft und meine Schwachheit.

Kennedy.
>   Nein, sag ich. Alle Geister der Verdammnis
>   Mußt' er zu Hilfe rufen, der dies Band
>   Um Eure hellen Sinne wob. Ihr hattet
>   Kein Ohr mehr für der Freundin Warnungsstimme,
>   Kein Aug' für das, was wohlanständig war.
>   Verlassen hatte Euch die zarte Scheu
>   Der Menschen; Eure Wangen, sonst der Sitz
>   Schamhaft errötender Bescheidenheit,   340
>   Sie glühten nur vom Feuer des Verlangens.
>   Ihr warft den Schleier des Geheimnisses
>   Von Euch; des Mannes keckes Laster hatte
>   Auch Eure Blödigkeit besiegt, Ihr stelltet
>   Mit dreister Stirne Eure Schmach zur Schau.
>   Ihr ließt das königliche Schwert von Schottland
>   Durch ihn, den Mörder, dem des Volkes Flüche
>   Nachschallten, durch die Gassen Edinburgs
>   Vor Euch hertragen im Triumph, umringte
>   Mit Waffen Euer Parlament, und hier,   350
>   Im eignen Tempel der Gerechtigkeit,
>   Zwangt Ihr mit frechem Possenspiel die Richter,
>   Den Schuldigen des Mordes loszusprechen –
>   Ihr gingt noch weiter – Gott!

Maria.   Vollende nur!
>   Und reicht' ihm meine Hand vor dem Altare!

K e n n e d y . O laßt ein ewig Schweigen diese Tat
    Bedecken! Sie ist schauderhaft, empörend,
    Ist einer ganz Verlornen wert – Doch Ihr seid keine
    Verlorene – ich kenn Euch ja, ich bin's,
    Die Eure Kindheit auferzogen. Weich   360
    Ist Euer Herz gebildet, offen ist's
    Der Scham – der Leichtsinn nur ist Euer Laster.
    Ich wiederhol es, es gibt böse Geister,
    Die in des Menschen unverwahrter Brust
    Sich augenblicklich ihren Wohnplatz nehmen,
    Die schnell in uns das Schreckliche begehn
    Und, zu der Höll' entfliehend, das Entsetzen
    In dem befleckten Busen hinterlassen.
    Seit dieser Tat, die Euer Leben schwärzt,
    Habt Ihr nichts Lasterhaftes mehr begangen,   370
    Ich bin ein Zeuge Eurer Besserung.
    Drum fasset Mut! Macht Friede mit Euch selbst!
    Was Ihr auch zu bereuen habt, in England
    Seid Ihr nicht schuldig, nicht Elisabeth,
    Nicht Englands Parlament ist Euer Richter.
    Macht ist's, die Euch hier unterdrückt; vor diesen
    Anmaßlichen Gerichtshof dürft Ihr Euch
    Hinstellen mit dem ganzen Mut der Unschuld.
M a r i a . Wer kommt?
           (Mortimer zeigt sich an der Türe.)
K e n n e d y .   Es ist der Neffe. Geht hinein.

FÜNFTER AUFTRITT

Die Vorigen. Mortimer scheu hereintretend.

M o r t i m e r *(zur Amme).*
    Entfernt Euch, haltet Wache vor der Tür,   380
    Ich habe mit der Königin zu reden.
M a r i a *(mit Ansehn).* Hanna, du bleibst.
M o r t i m e r .
    Habt keine Furcht, Mylady. Lernt mich kennen.
    (Er überreicht ihr eine Karte.)
M a r i a *(sieht sie an und fährt bestürzt zurück).*
    Ha! Was ist das?

Mortimer *(zur Amme).*
                    Geht, Dame Kennedy.
    Sorgt, daß mein Oheim uns nicht überfalle!
Maria *(zur Amme, welche zaudert und die Königin*
    fragend ansieht).
    Geh! Geh! Tu, was er sagt.
(Die Amme entfernt sich mit Zeichen der Verwunderung.)

SECHSTER AUFTRITT

Mortimer. Maria.

Maria.   Von meinem Oheim,
    Dem Kardinal von Lothringen, aus Frankreich!
    (Liest.) »Traut dem Sir Mortimer, der Euch dies bringt,
    Denn keinen treuern Freund habt Ihr in England.«
    (Mortimern mit Erstaunen ansehend.)
    Ist's möglich? Ist's kein Blendwerk, das mich täuscht? 390
    So nahe find ich einen Freund und wähnte mich
    Verlassen schon von aller Welt – find ihn
    In Euch, dem Neffen meines Kerkermeisters,
    In dem ich meinen schlimmsten Feind –
Mortimer *(sich ihr zu Füßen werfend).* Verzeihung
    Für diese verhaßte Larve, Königin,
    Die mir zu tragen Kampf genug gekostet,
    Doch der ich's danke, daß ich mich Euch nahen,
    Euch Hilfe und Errettung bringen kann.
Maria. Steht auf – Ihr überrascht mich, Sir – Ich kann
    So schnell nicht aus der Tiefe meines Elends   400
    Zur Hoffnung übergehen – Redet, Sir –
    Macht mir dies Glück begreiflich, daß ich's glaube.
Mortimer *(steht auf).*
    Die Zeit verrinnt. Bald wird mein Oheim hier sein,
    Und ein verhaßter Mensch begleitet ihn.
    Eh' Euch ihr Schreckensauftrag überrascht,
    Hört an, wie Euch der Himmel Rettung schickt.
Maria.
    Er schickt sie durch ein Wunder seiner Allmacht!
Mortimer.
    Erlaubt, daß ich von mir beginne.

Maria.   Redet, Sir!
Mortimer. Ich zählte zwanzig Jahre, Königin,
  In strengen Pflichten war ich aufgewachsen,   410
  In finsterm Haß des Papsttums aufgesäugt,
  Als mich die unbezwingliche Begierde
  Hinaustrieb auf das feste Land. Ich ließ
  Der Puritaner dumpfe Predigtstuben,
  Die Heimat hinter mir, in schnellem Lauf
  Durchzog ich Frankreich, das gepriesene
  Italien mit heißem Wunsche suchend.
· Es war die Zeit des großen Kirchenfests,
  Von Pilgerscharen wimmelten die Wege,
  Bekränzt war jedes Gottesbild, es war,   420
  Als ob die Menschheit auf der Wandrung wäre,
  Wallfahrend nach dem Himmelreich – Mich selbst
  Ergriff der Strom der glaubenvollen Menge
  Und riß mich in das Weichbild Roms –
      Wie ward mir, Königin!
  Als mir der Säulen Pracht und Siegesbogen
  Entgegenstieg, des Kolosseums Herrlichkeit
  Den Staunenden umfing, ein hoher Bildnergeist
  In seine heitre Wunderwelt mich schloß!
  Ich hatte nie der Künste Macht gefühlt: 430
  Es haßt die Kirche, die mich auferzog,
  Der Sinne Reiz, kein Abbild duldet sie,
  Allein das körperlose Wort verehrend.
  Wie wurde mir, als ich ins Innre nun
  Der Kirchen trat und die Musik der Himmel
  Herunterstieg und der Gestalten Fülle
  Verschwenderisch aus Wand und Decke quoll,
  Das Herrlichste und Höchste, gegenwärtig,
  Vor den entzückten Sinnen sich bewegte,
  Als ich sie selbst nun sah, die Göttlichen,   440
  Den Gruß des Engels, die Geburt des Herrn,
  Die Heil'ge Mutter, die herabgestiegne
  Dreifaltigkeit, die leuchtende Verklärung –
  Als ich den Papst drauf sah in seiner Pracht
  Das Hochamt halten und die Völker segnen.
  O was ist Goldes, was Juwelen Schein,
  Womit der Erde Könige sich schmücken!

Nur er ist mit dem Göttlichen umgeben.
Ein wahrhaft Reich der Himmel ist sein Haus,
Denn nicht von dieser Welt sind diese Formen.   450
M a r i a.
O schonet mein! Nicht weiter. Höret auf,
Den frischen Lebensteppich vor mir aus
Zu breiten – Ich bin elend und gefangen.
M o r t i m e r.
Auch *ich* war's, Königin! und mein Gefängnis
Sprang auf, und frei auf einmal fühlte sich
Der Geist, des Lebens schönen Tag begrüßend.
Haß schwur ich nun dem engen dumpfen Buch,
Mit frischem Kranz die Schläfe mir zu schmücken,
Mich fröhlich an die Fröhlichen zu schließen.
Viel edle Schotten drängten sich an mich,   460
Und der Franzosen muntre Landsmannschaften.
Sie brachten mich zu Eurem edeln Oheim,
Dem Kardinal von Guise – Welch ein Mann!
Wie sicher, klar und männlich groß! – Wie ganz
Geboren, um die Geister zu regieren!
Das Muster eines königlichen Priesters,
Ein Fürst der Kirche, wie ich keinen sah!
M a r i a. Ihr habt sein teures Angesicht gesehn,
Des vielgeliebten, des erhabnen Mannes,
Der meiner zarten Jugend Führer war.   470
O redet mir von ihm. Denkt er noch mein?
Liebt ihn das Glück, blüht ihm das Leben noch,
Steht er noch herrlich da, ein Fels der Kirche?
M o r t i m e r. Der Treffliche ließ selber sich herab,
Die hohen Glaubenslehren mir zu deuten
Und meines Herzens Zweifel zu zerstreun.
Er zeigte mir, daß grübelnde Vernunft
Den Menschen ewig in der Irre leitet,
Daß seine Augen sehen müssen, was
Das Herz soll glauben, daß ein sichtbar Haupt   480
Der Kirche not tut, daß der Geist der Wahrheit
Geruht hat auf den Sitzungen der Väter.
Die Wahnbegriffe meiner kind'schen Seele,
Wie schwanden sie vor seinem siegenden
Verstand und vor der Suada seines Mundes!

Ich kehrte in der Kirche Schoß zurück,
Schwur meinen Irrtum ab in seine Hände.
M a r i a. So seid Ihr einer jener Tausende,
Die er mit seiner Rede Himmelskraft,
Wie der erhabne Prediger des Berges,   490
Ergriffen und zum ew'gen Heil geführt!
M o r t i m e r. Als ihn des Amtes Pflichten bald darauf
Nach Frankreich riefen, sandt' er mich nach Reims,
Wo die Gesellschaft Jesu, fromm geschäftig,
Für Englands Kirche Priester auferzieht.
Den edeln Schotten Morgan fand ich hier,
Auch Euren treuen Leßley, den gelehrten
Bischof von Roße, die auf Frankreichs Boden
Freudlose Tage der Verbannung leben –
Eng schloß ich mich an diese Würdigen   500
Und stärkte mich im Glauben – Eines Tags,
Als ich mich umsah in des Bischofs Wohnung,
Fiel mir ein weiblich Bildnis in die Augen
Von rührend wundersamem Reiz; gewaltig
Ergriff es mich in meiner tiefsten Seele,
Und, des Gefühls nicht mächtig, stand ich da.
Da sagte mir der Bischof: Wohl mit Recht
Mögt Ihr gerührt bei diesem Bilde weilen.
Die schönste aller Frauen, welche leben,
Ist auch die jammernswürdigste von allen,   510
Um unsers Glaubens willen duldet sie,
Und Euer Vaterland ist's, wo sie leidet.
M a r i a. Der Redliche! Nein, ich verlor nicht alles,
Da solcher Freund im Unglück mir geblieben.
M o r t i m e r. Drauf fing er an, mit herzerschütternder
Beredsamkeit mir Euer Märtyrtum
Und Eurer Feinde Blutgier abzuschildern.
Auch Euern Stammbaum wies er mir, er zeigte
Mir Eure Abkunft von dem hohen Hause
Der Tudor, überzeugte mich, daß Euch   520
Allein gebührt, in Engelland zu herrschen,
Nicht dieser Afterkönigin, gezeugt
In ehebrecherischem Bett, die Heinrich,
Ihr Vater, selbst verwarf als Bastardtochter.
Nicht seinem einz'gen Zeugnis wollt' ich traun,

Ich holte Rat bei allen Rechtsgelehrten,
Viel alte Wappenbücher schlug ich nach,
Und alle Kundige, die ich befragte,
Bestätigten mir Eures Anspruchs Kraft.
Ich weiß nunmehr, daß Euer gutes Recht   530
An England Euer ganzes Unrecht ist,
Daß Euch dies Reich als Eigentum gehört,
Worin Ihr schuldlos als Gefangne schmachtet.
M a r i a. O dieses unglücksvolle Recht! Es ist
Die einz'ge Quelle aller meiner Leiden.
M o r t i m e r. Um diese Zeit kam mir die Kunde zu,
Daß Ihr aus Talbots Schloß hinweggeführt
Und meinem Oheim übergeben worden –
Des Himmels wundervolle Rettungshand
Glaub' ich in dieser Fügung zu erkennen,   540
Ein lauter Ruf des Schicksals war sie mir,
Das *meinen* Arm gewählt, Euch zu befreien.
Die Freunde stimmen freudig bei, es gibt
Der Kardinal mir seinen Rat und Segen
Und lehrt mich der Verstellung schwere Kunst.
Schnell ward der Plan entworfen, und ich trete
Den Rückweg an ins Vaterland, wo ich,
Ihr wißt's, vor zehen Tagen bin gelandet.
(Er hält inne.)
    Ich sah Euch, Königin – Euch selbst!
Nicht Euer Bild! – O welchen Schatz bewahrt   550
Dies Schloß! Kein Kerker! Eine Götterhalle,
Glanzvoller als der königliche Hof
Von England – O des Glücklichen, dem es
Vergönnt ist, *eine* Luft mit Euch zu atmen!
    Wohl hat sie recht, die Euch so tief verbirgt!
Aufstehen würde Englands ganze Jugend,
Kein Schwert in seiner Scheide müßig bleiben
Und die Empörung mit gigantischem Haupt
Durch diese Friedensinsel schreiten, sähe
Der Brite seine Königin!
M a r i a.   Wohl ihr,   560
Säh' jeder Brite sie mit Euren Augen!
M o r t i m e r. Wär' er, wie ich, ein Zeuge Eurer Leiden,
Der Sanftmut Zeuge und der edlen Fassung,

Womit Ihr das Unwürdige erduldet.
Denn geht Ihr nicht aus allen Leidensproben
Als eine Königin hervor? Raubt Euch
Des Kerkers Schmach von Eurem Schönheitsglanze?
Euch mangelt alles, was das Leben schmückt,
Und doch umfließt Euch ewig Licht und Leben.
Nie setz ich meinen Fuß auf diese Schwelle,   570
Daß nicht mein Herz zerrissen wird von Qualen,
Nicht von der Lust entzückt, Euch anzuschauen! –
Doch furchtbar naht sich die Entscheidung, wachsend
Mit jeder Stunde dringet die Gefahr,
Ich darf nicht länger säumen – Euch nicht länger
Das Schreckliche verbergen –

M a r i a.   Ist mein Urteil
Gefällt? Entdeckt mir's frei. Ich kann es hören.

M o r t i m e r.
Es ist gefällt. Die zweiundvierzig Richter haben
Ihr *Schuldig* ausgesprochen über Euch. Das Haus
Der Lords und der Gemeinen, die Stadt London   580
Bestehen heftig dringend auf des Urteils
Vollstreckung; nur die Königin säumt noch
– Aus arger List, daß man sie nötige,
Nicht aus Gefühl der Menschlichkeit und Schonung.

M a r i a (*mit Fassung*).
Sir Mortimer, Ihr überrascht mich nicht,
Erschreckt mich nicht. Auf solche Botschaft war ich
Schon längst gefaßt. Ich kenne meine Richter.
Nach den Mißhandlungen, die ich erlitten,
Begreif ich wohl, daß man die Freiheit mir
Nicht schenken kann – Ich weiß, wo man hinauswill.   590
In ew'gem Kerker will man mich bewahren
Und meine Rache, meinen Rechtsanspruch
Mit mir verscharren in Gefängnisnacht.

M o r t i m e r.
Nein, Königin – o nein! nein! Dabei steht man
Nicht still. Die Tyrannei begnügt sich nicht,
Ihr Werk nur halb zu tun. Solang Ihr lebt,
Lebt auch die Furcht der Königin von England.
Euch kann kein Kerker tief genug begraben,
Nur Euer Tod versichert ihren Thron.

M a r i a. Sie könnt' es wagen, mein gekröntes Haupt 600
   Schmachvoll auf einen Henkerblock zu legen?
M o r t i m e r. Sie wird es wagen. Zweifelt nicht daran.
M a r i a. Sie könnte *so* die eigne Majestät
   Und aller Könige im Staube wälzen?
   Und fürchtet sie die Rache Frankreichs nicht?
M o r t i m e r.
   Sie schließt mit Frankreich einen ew'gen Frieden,
   Dem Duc von Anjou schenkt sie Thron und Hand.
M a r i a. Wird sich der König Spaniens nicht waffnen?
M o r t i m e r. Nicht eine Welt in Waffen fürchtet sie,
   Solang sie Frieden hat mit ihrem Volke.   610
M a r i a. Den Briten wollte sie dies Schauspiel geben?
M o r t i m e r.
   Dies Land, Mylady, hat in letzten Zeiten
   Der königlichen Frauen *mehr* vom Thron
   Herab aufs Blutgerüste steigen sehn.
   Die eigne Mutter der Elisabeth
   Ging diesen Weg, und Katharina Howard,
   Auch Lady Gray war ein gekröntes Haupt.
M a r i a *(nach einer Pause)*.
   Nein, Mortimer! Euch blendet eitle Furcht.
   Es ist die Sorge Eures treuen Herzens,
   Die Euch vergebne Schrecknisse erschafft.   620
   Nicht das Schafott ist's, das ich fürchte, Sir.
   Es gibt noch andre Mittel, stillere,
   Wodurch sich die Beherrscherin von England
   Vor meinem Anspruch Ruhe schaffen kann.
   Eh' sich ein Henker für mich findet, wird
   Noch eher sich ein Mörder dingen lassen.
   – *Das* ist's, wovor ich zittre, Sir! und nie
   Setz ich des Bechers Rand an meine Lippen,
   Daß nicht ein Schauder mich ergreift, er könnte
   Kredenzt sein von der Liebe meiner Schwester.   630
M o r t i m e r.
   Nicht offenbar, noch heimlich soll's dem Mord
   Gelingen, Euer Leben anzutasten.
   Seid ohne Furcht! Bereitet ist schon alles,
   Zwölf edle Jünglinge des Landes sind
   In meinem Bündnis, haben heute früh

    Das Sakrament darauf empfangen, Euch
    Mit starkem Arm aus diesem Schloß zu führen.
    Graf Aubespine, der Abgesandte Frankreichs,
    Weiß um den Bund, er bietet selbst die Hände,
    Und sein Palast ist's, wo wir uns versammeln.   640

Maria.
    Ihr macht mich zittern, Sir – doch nicht für Freude.
    Mir fliegt ein böses Ahnen durch das Herz.
    Was unternehmt ihr? Wißt ihr's? Schrecken euch
    Nicht Babingtons, nicht Tichburns blut'ge Häupter,
    Auf Londons Brücke warnend aufgesteckt,
    Nicht das Verderben der Unzähligen,
    Die ihren Tod in gleichem Wagstück fanden
    Und meine Ketten schwerer nur gemacht?
    Unglücklicher, verführter Jüngling – flieht!   649
    Flieht, wenn's noch Zeit ist – wenn der Späher Burleigh
    Nicht jetzt schon Kundschaft hat von euch, nicht schon
    In eure Mitte den Verräter mischte.
    Flieht aus dem Reiche schnell! Marien Stuart
    Hat noch kein Glücklicher beschützt.

Mortimer.   Mich schrecken
    Nicht Babingtons, nicht Tichburns blut'ge Häupter,
    Auf Londons Brücke warnend aufgesteckt,
    Nicht das Verderben der unzähl'gen andern,
    Die ihren Tod in gleichem Wagstück fanden;
    Sie fanden auch darin den ew'gen Ruhm,
    Und Glück schon ist's, für Eure Rettung sterben.   660

Maria.
    Umsonst! Mich rettet nicht Gewalt, nicht List.
    Der Feind ist wachsam, und die Macht ist sein.
    Nicht Paulet nur und seiner Wächter Schar,
    Ganz England hütet meines Kerkers Tore.
    Der freie Wille der Elisabeth allein
    Kann sie mir auftun.

Mortimer.   O das hoffet nie!

Maria. Ein einz'ger Mann lebt, der sie öffnen kann.

Mortimer.
    O nennt mir diesen Mann –

Maria.   Graf Leicester.

Mortimer *(tritt erstaunt zurück).*   Leicester!

Graf Leicester! – Euer blutigster Verfolger,
Der Günstling der Elisabeth – von diesem –   670
M a r i a. Bin ich zu retten, ist's allein durch ihn.
– Geht zu ihm. Öffnet Euch ihm frei,
Und zur Gewähr, daß ich's bin, die Euch sendet,
Bringt ihm dies Schreiben. Es enthält mein Bildnis.
*(Sie zieht ein Papier aus dem Busen, Mortimer tritt zu-
rück und zögert es anzunehmen.)*
Nehmt hin. Ich trag es lange schon bei mir,
Weil Eures Oheims strenge Wachsamkeit
Mir jeden Weg zu ihm gehemmt – Euch sandte
Mein guter Engel –
M o r t i m e r.   Königin – dies Rätsel –
Erklärt es mir –
M a r i a.   Graf Leicester wird's Euch lösen.
Vertraut ihm, er wird Euch vertraun – Wer kommt? 680
K e n n e d y *(eilfertig eintretend).*
Sir Paulet naht mit einem Herrn vom Hofe.
M o r t i m e r. Es ist Lord Burleigh. Faßt Euch, Königin!
Hört es mit Gleichmut an, was er Euch bringt.
(Er entfernt sich durch eine Seitentür, Kennedy folgt ihm.)

SIEBENTER AUFTRITT

*Maria, Lord Burleigh, Großschatzmeister von England,
und Ritter Paulet.*

P a u l e t.
Ihr wünschtet heut Gewißheit Eures Schicksals,
Gewißheit bringt Euch Seine Herrlichkeit
Mylord von Burleigh. Tragt sie mit Ergebung.
M a r i a. Mit Würde, hoff ich, die der Unschuld ziemt.
B u r l e i g h. Ich komme als Gesandter des Gerichts.
M a r i a. Lord Burleigh leiht dienstfertig dem Gerichte,
Dem er den Geist geliehn, nun auch den Mund.   690
P a u l e t. Ihr sprecht, als wüßtet Ihr bereits das Urteil.
M a r i a. Da es Lord Burleigh bringt, so weiß ich es.
– Zur Sache, Sir.
B u r l e i g h.   Ihr habt Euch dem Gericht
Der Zweiundvierzig unterworfen, Lady –

M a r i a.
    Verzeiht, Mylord, daß ich Euch gleich zu Anfang
    Ins Wort muß fallen – Unterworfen hätt' ich mich
    Dem Richterspruch der Zweiundvierzig, sagt Ihr?
    Ich habe keineswegs mich unterworfen.
    Nie konnt' ich das – ich konnte meinem Rang,
    Der Würde meines Volks und meines Sohnes   700
    Und aller Fürsten nicht so viel vergeben.
    Verordnet ist im englischen Gesetz,
    Daß jeder Angeklagte durch Geschworne
    Von seinesgleichen soll gerichtet werden.
    Wer in der Committee ist meinesgleichen?
    Nur Könige sind meine Peers.
B u r l e i g h.   Ihr hörtet
    Die Klagartikel an, ließt Euch darüber
    Vernehmen vor Gerichte –
M a r i a.   Ja, ich habe mich
    Durch Hattons arge List verleiten lassen,
    Bloß meiner Ehre wegen und im Glauben   710
    An meiner Gründe siegende Gewalt,
    Ein Ohr zu leihen jenen Klagepunkten
    Und ihren Ungrund darzutun – Das tat ich
    Aus Achtung für die würdigen Personen
    Der Lords, nicht für ihr Amt, das ich verwerfe.
B u r l e i g h.
    Ob Ihr sie anerkennt, ob nicht, Mylady,
    Das ist nur eine leere Förmlichkeit,
    Die des Gerichtes Lauf nicht hemmen kann.
    Ihr atmet Englands Luft, genießt den Schutz,
    Die Wohltat des Gesetzes, und so seid Ihr   720
    Auch seiner Herrschaft untertan!
M a r i a.   Ich atme
    Die Luft in einem englischen Gefängnis.
    Heißt das in England leben, der Gesetze
    Wohltat genießen? Kenn ich sie doch kaum.
    Nie hab ich eingewilligt, sie zu halten.
    Ich bin nicht dieses Reiches Bürgerin,
    Bin eine freie Königin des Auslands.
B u r l e i g h. Und denkt Ihr, daß der königliche Name
    Zum Freibrief dienen könne, blut'ge Zwietracht

In fremdem Lande straflos auszusäen?   730
Wie stünd' es um die Sicherheit der Staaten,
Wenn das gerechte Schwert der Themis nicht
Die schuld'ge Stirn des königlichen Gastes
Erreichen könnte wie des Bettlers Haupt?

M a r i a. Ich will mich nicht der Rechenschaft entziehn,
Die Richter sind es nur, die ich verwerfe.

B u r l e i g h. Die Richter! Wie, Mylady? Sind es etwa
Vom Pöbel aufgegriffene Verworfne,
Schamlose Zungendrescher, denen Recht
Und Wahrheit feil ist, die sich zum Organ   740
Der Unterdrückung willig dingen lassen?
Sind's nicht die ersten Männer dieses Landes,
Selbständig g'nug, um wahrhaft sein zu dürfen,
Um über Fürstenfurcht und niedrige
Bestechung weit erhaben sich zu sehn?
Sind's nicht dieselben, die ein edles Volk
Frei und gerecht regieren, deren Namen
Man nur zu nennen braucht, um jeden Zweifel,
Um jeden Argwohn schleunig stumm zu machen?
An ihrer Spitze steht der Völkerhirte,   750
Der fromme Primas von Canterbury,
Der weise Talbot, der des Siegels wahret,
Und Howard, der des Reiches Flotten führt.
Sagt! Konnte die Beherrscherin von England
Mehr tun, als aus der ganzen Monarchie
Die Edelsten auslesen und zu Richtern
In diesem königlichen Streit bestellen?
Und wär's zu denken, daß Parteienhaß
Den Einzelnen bestäche – Können vierzig
Erlesne Männer sich in einem Spruche   760
Der Leidenschaft vereinigen?

M a r i a *(nach einigem Stillschweigen).*
Ich höre staunend die Gewalt des Mundes,
Der mir von je so unheilbringend war –
Wie werd ich mich, ein ungelehrtes Weib,
Mit so kunstfert'gem Redner messen können! –
Wohl! wären diese Lords, wie Ihr sie schildert,
Verstummen müßt' ich, hoffnungslos verloren
Wär' meine Sache, sprächen sie mich schuldig.

Doch diese Namen, die Ihr preisend nennt,
Die mich durch ihr Gewicht zermalmen sollen,   770
Mylord, ganz andere Rollen seh ich sie
In den Geschichten dieses Landes spielen.
Ich sehe diesen hohen Adel Englands,
Des Reiches majestätischen Senat,
Gleich Sklaven des Serails den Sultanslaunen
Heinrichs des Achten, meines Großohms, schmeicheln –
Ich sehe dieses edle Oberhaus,
Gleich feil mit den erkäuflichen Gemeinen,
Gesetze prägen und verrufen, Ehen
Auflösen, binden, wie der Mächtige   780
Gebietet, Englands Fürstentöchter heute
Enterben, mit dem Bastardnamen schänden
Und morgen sie zu Königinnen krönen.
Ich sehe diese würd'gen Peers mit schnell
Vertauschter Überzeugung unter *vier*
Regierungen den Glauben *viermal* ändern –

B u r l e i g h.
Ihr nennt Euch fremd in Englands Reichsgesetzen,
In Englands Unglück seid Ihr sehr bewandert.

M a r i a.
Und das sind meine Richter! – Lord Schatzmeister!
Ich will gerecht sein gegen Euch! – Seid Ihr's   790
Auch gegen mich – Man sagt, Ihr meint es gut
Mit diesem Staat, mit Eurer Königin,
Seid unbestechlich, wachsam, unermüdet –
Ich will es glauben. Nicht der eigne Nutzen
Regiert Euch, Euch regiert allein der Vorteil
Des Souveräns, des Landes. Ebendarum
Mißtraut Euch, edler Lord, daß nicht der Nutzen
Des Staats Euch als Gerechtigkeit erscheine.
Nicht zweifl' ich dran, es sitzen neben Euch
Noch edle Männer unter meinen Richtern.   800
Doch sie sind Protestanten, Eiferer
Für Englands Wohl und sprechen über mich,
Die Königin von Schottland, die Papistin!
Es kann der Brite gegen den Schotten nicht
Gerecht sein, ist ein uralt Wort – Drum ist
Herkömmlich seit der Väter grauen Zeit,

Daß vor Gericht kein Brite gegen den Schotten,
Kein Schotte gegen jenen zeugen darf.
Die Not gab dieses seltsame Gesetz;
Ein tiefer Sinn wohnt in den alten Bräuchen,   810
Man muß sie ehren, Mylord – die Natur
Warf diese beiden feur'gen Völkerschaften
Auf dieses Brett im Ozean, ungleich
Verteilte sie's und hieß sie darum kämpfen.
Der Tweede schmales Bette trennt allein
Die heft'gen Geister, oft vermischte sich
Das Blut der Kämpfenden in ihren Wellen.
Die Hand am Schwerte, schauen sie sich drohend
Von beiden Ufern an, seit tausend Jahren.
Kein Feind bedränget Engelland, dem nicht   820
Der Schotte sich zum Helfer zugesellte;
Kein Bürgerkrieg entzündet Schottlands Städte,
Zu dem der Brite nicht den Zunder trug.
Und nicht erlöschen wird der Haß, bis endlich
Ein Parlament sie brüderlich vereint,
Ein Zepter waltet durch die ganze Insel.
Burleigh. Und eine Stuart sollte dieses Glück
        Dem Reich gewähren?
Maria.   Warum soll ich's leugnen?
    Ja, ich gesteh's, daß ich die Hoffnung nährte,
    Zwei edle Nationen unterm Schatten   830
    Des Ölbaums frei und fröhlich zu vereinen.
    Nicht ihres Völkerhasses Opfer glaubt' ich
    Zu werden; ihre lange Eifersucht,
    Der alten Zwietracht unglücksel'ge Glut
    Hofft' ich auf ew'ge Tage zu ersticken
    Und, wie mein Ahnherr Richmond die zwei Rosen
    Zusammenband nach blut'gem Streit, die Kronen
    Schottland und England friedlich zu vermählen.
Burleigh.
    Auf schlimmem Weg verfolgtet Ihr dies Ziel,
    Da Ihr das Reich entzünden, durch die Flammen   840
    Des Bürgerkriegs zum Throne steigen wolltet.
Maria.
    Das wollt' ich nicht – beim großen Gott des Himmels!
    Wann hätt' ich das gewollt? Wo sind die Proben?

Burleigh.
   Nicht Streitens wegen kam ich her. Die Sache
   Ist keinem Wortgefecht mehr unterworfen.
   Es ist erkannt durch vierzig Stimmen gegen zwei,
   Daß Ihr die Akte vom vergangnen Jahr
   Gebrochen, dem Gesetz verfallen seid.
   Es ist verordnet im vergangnen Jahr:
   »Wenn sich Tumult im Königreich erhübe   850
   Im Namen und zum Nutzen irgendeiner
   Person, die Rechte vorgibt an die Krone,
   Daß man gerichtlich gegen sie verfahre,
   Bis in den Tod die schuldige verfolge« –
   Und da bewiesen ist –
Maria.   Mylord von Burleigh!
   Ich zweifle nicht, daß ein Gesetz, ausdrücklich
   Auf *mich* gemacht, verfaßt, mich zu verderben,
   Sich gegen mich wird brauchen lassen – Wehe
   Dem armen Opfer, wenn derselbe Mund,
   Der das Gesetz gab, auch das Urteil spricht!   860
   Könnt Ihr es leugnen, Lord, daß jene Akte
   Zu meinem Untergang ersonnen ist?
Burleigh. Zu Eurer Warnung sollte sie gereichen,
   Zum Fallstrick habt Ihr selber sie gemacht.
   Den Abgrund saht Ihr, der vor Euch sich auftat,
   Und treu gewarnet stürztet Ihr hinein.
   Ihr wart mit Babington, dem Hochverräter,
   Und seinen Mordgesellen einverstanden,
   Ihr hattet Wissenschaft von allem, lenktet
   Aus Eurem Kerker planvoll die Verschwörung.   870
Maria. Wann hätt' ich das getan? Man zeige mir
   Die Dokumente auf.
Burleigh.   Die hat man Euch
   Schon neulich vor Gerichte vorgewiesen.
Maria. Die Kopien, von fremder Hand geschrieben!
   Man bringe die Beweise mir herbei,
   Daß ich sie selbst diktiert, daß ich sie so
   Diktiert, geradeso, wie man gelesen.
Burleigh. Daß es dieselben sind, die er empfangen,
   Hat Babington vor seinem Tod bekannt.
Maria. Und warum stellte man ihn mir nicht lebend   880

Vor Augen? Warum eilte man so sehr,
Ihn aus der Welt zu fördern, eh' man ihn
Mir, Stirne gegen Stirne, vorgeführt?

Burleigh.
Auch Eure Schreiber, Kurl und Nau, erhärten
Mit einem Eid, daß es die Briefe seien,
Die sie aus Eurem Munde niederschrieben.

Maria. Und auf das Zeugnis meiner Hausbedienten
Verdammt man mich? Auf Treu und Glauben derer,
Die mich verraten, ihre Königin,
Die in demselben Augenblick die Treu'   890
Mir brachen, da sie gegen mich gezeugt?

Burleigh.
Ihr selbst erklärtet sonst den Schotten Kurl
Für einen Mann von Tugend und Gewissen.

Maria.
So kannt' ich ihn – doch eines Mannes Tugend
Erprobt allein die Stunde der Gefahr.
Die Folter konnt' ihn ängstigen, daß er
Aussagte und gestand, was er nicht wußte!
Durch falsches Zeugnis glaubt' er sich zu retten
Und mir, der Königin, nicht viel zu schaden.

Burleigh.
Mit einem freien Eid hat er's beschworen.   900

Maria. Vor meinem Angesichte nicht! – Wie, Sir?
Das sind zwei Zeugen, die noch beide leben!
Man stelle sie mir gegenüber, lasse sie
Ihr Zeugnis mir ins Antlitz wiederholen!
Warum mir eine Gunst, ein Recht verweigern,
Das man dem Mörder nicht versagt? Ich weiß
Aus Talbots Munde, meines vor'gen Hüters,
Daß unter dieser nämlichen Regierung
Ein Reichsschluß durchgegangen, der befiehlt,
Den Kläger dem Beklagten vorzustellen.   910
Wie? Oder hab ich falsch gehört? – Sir Paulet!
Ich hab Euch stets als Biedermann erfunden,
Beweist es jetzo. Sagt mir auf Gewissen,
Ist's nicht so? Gibt's kein solch Gesetz in England?

Paulet. So ist's, Mylady. Das ist bei uns Rechtens.
Was wahr ist, muß ich sagen.

Maria.   Nun, Mylord!
   Wenn man mich denn so streng nach englischem Recht
   Behandelt, wo dies Recht mich unterdrückt,
   Warum dasselbe Landesrecht umgehen,
   Wenn es mir Wohltat werden kann? – Antwortet! 920
   Warum ward Babington mir nicht vor Augen
   Gestellt, wie das Gesetz befiehlt? Warum
   Nicht meine Schreiber, die noch beide leben?
Burleigh.
   Ereifert Euch nicht, Lady. Euer Einverständnis
   Mit Babington ist's nicht allein –
Maria.   Es ist's
   Allein, was mich dem Schwerte des Gesetzes
   Bloßstellt, wovon ich mich zu rein'gen habe.
   Mylord! Bleibt bei der Sache. Beugt nicht aus.
Burleigh. Es ist bewiesen, daß Ihr mit Mendoza,
   Dem spanischen Botschafter, unterhandelt –   930
Maria *(lebhaft)*.
   Bleibt bei der Sache, Lord!
Burleigh.   Daß Ihr Anschläge
   Geschmiedet, die Religion des Landes
   Zu stürzen, alle Könige Europens
   Zum Krieg mit England aufgeregt –
Maria.   Und wenn ich's
   Getan? Ich hab es nicht getan – Jedoch
   Gesetzt, ich tat's! – Mylord, man hält mich hier
   Gefangen wider alle Völkerrechte.
   Nicht mit dem Schwerte kam ich in dies Land,
   Ich kam herein als eine Bittende,
   Das heil'ge Gastrecht fordernd, in den Arm   940
   Der blutsverwandten Königin mich werfend –
   Und so ergriff mich die Gewalt, bereitete
   Mir Ketten, wo ich Schutz gehofft – Sagt an!
   Ist mein Gewissen gegen diesen Staat
   Gebunden? Hab ich Pflichten gegen England?
   Ein heilig Zwangsrecht üb ich aus, da ich
   Aus diesen Banden strebe, Macht mit Macht
   Abwende, alle Staaten dieses Weltteils
   Zu meinem Schutz aufrühre und bewege.
   Was irgend nur in einem guten Krieg   950

Recht ist und ritterlich, das darf ich üben.
Den Mord allein, die heimlich blut'ge Tat,
Verbietet mir mein Stolz und mein Gewissen,
Mord würde mich beflecken und entehren.
Entehren sag ich – keinesweges mich
Verdammen, einem Rechtsspruch unterwerfen.
Denn nicht vom Rechte, von Gewalt allein
Ist zwischen mir und Engelland die Rede.

B u r l e i g h *(bedeutend).*
Nicht auf der Stärke schrecklich Recht beruft Euch,
Mylady! Es ist der Gefangenen nicht günstig.   960

M a r i a.
Ich bin die Schwache, sie die Mächt'ge – Wohl!
Sie brauche die Gewalt, sie töte mich,
Sie bringe ihrer Sicherheit das Opfer.
Doch sie gestehe dann, daß sie die Macht
Allein, nicht die Gerechtigkeit geübt.
Nicht vom Gesetze borge sie das Schwert,
Sich der verhaßten Feindin zu entladen,
Und kleide nicht in heiliges Gewand
Der rohen Stärke blutiges Erkühnen.
Solch Gaukelspiel betrüge nicht die Welt!   970
Ermorden lassen kann sie mich, nicht richten!
Sie geb' es auf, mit des Verbrechens Früchten
Den heil'gen Schein der Tugend zu vereinen,
Und was sie *ist*, das wage sie zu scheinen! *(Sie geht ab.)*

ACHTER AUFTRITT

Burleigh. Paulet.

B u r l e i g h.
Sie trotzt uns – wird uns trotzen, Ritter Paulet,
Bis an die Stufen des Schafotts – Dies stolze Herz
Ist nicht zu brechen – Überraschte sie
Der Urtelspruch? Saht Ihr sie eine Träne
Vergießen? Ihre Farbe nur verändern?
Nicht unser Mitleid ruft' sie an. Wohl kennt sie   980
Den Zweifelmut der Königin von England,
Und unsre Furcht ist's, was sie mutig macht.

P a u l e t.
    Lord Großschatzmeister! Dieser eitle Trotz wird schnell
    Verschwinden, wenn man ihm den Vorwand raubt.
    Es sind Unziemlichkeiten vorgegangen
    In diesem Rechtsstreit, wenn ich's sagen darf.
    Man hätte diesen Babington und Tichburn
    Ihr in Person vorführen, ihre Schreiber
    Ihr gegenüberstellen sollen.
B u r l e i g h *(schnell).*   Nein!
    Nein, Ritter Paulet! Das war nicht zu wagen.   990
    Zu groß ist ihre Macht auf die Gemüter
    Und ihrer Tränen weibliche Gewalt.
    Ihr Schreiber Kurl, ständ' er ihr gegenüber,
    Käm' es dazu, das Wort nun auszusprechen,
    An dem ihr Leben hängt – er würde zaghaft
    Zurückziehn, sein Geständnis widerrufen –
P a u l e t. So werden Englands Feinde alle Welt
    Erfüllen mit gehässigen Gerüchten,
    Und des Prozesses festliches Gepräg'
    Wird als ein kühner Frevel nur erscheinen.   1000
B u r l e i g h. Dies ist der Kummer unsrer Königin –
    Daß diese Stifterin des Unheils doch
    Gestorben wäre, ehe sie den Fuß
    Auf Englands Boden setzte!
P a u l e t.   Dazu sag ich Amen.
B u r l e i g h. Daß Krankheit sie im Kerker aufgerieben!
P a u l e t. Viel Unglück hätt' es diesem Land erspart.
B u r l e i g h.
    Doch, hätt' auch gleich ein Zufall der Natur
    Sie hingerafft – wir hießen doch die Mörder.
P a u l e t.
    Wohl wahr. Man kann den Menschen nicht verwehren,
    Zu denken, was sie wollen.
B u r l e i g h.   Zu beweisen wär's   1010
    Doch nicht und würde weniger Geräusch erregen –
P a u l e t. Mag es Geräusch erregen! Nicht der laute,
    Nur der gerechte Tadel kann verletzen.
B u r l e i g h. Oh! auch die heilige Gerechtigkeit
    Entflieht dem Tadel nicht. Die Meinung hält es
    Mit dem Unglücklichen, es wird der Neid

Stets den obsiegend Glücklichen verfolgen.
Das Richterschwert, womit der Mann sich ziert,
Verhaßt ist's in der Frauen Hand. Die Welt
Glaubt nicht an die Gerechtigkeit des Weibes,   1020
Sobald ein Weib das Opfer wird. Umsonst,
Daß wir, die Richter, nach Gewissen sprachen!
Sie hat der Gnade königliches Recht.
Sie muß es brauchen; unerträglich ist's,
Wenn sie den strengen Lauf läßt dem Gesetze!
P a u l e t. Und also –
B u r l e i g h *(rasch einfallend)*.
                    Also soll sie leben? Nein!
Sie darf nicht leben! Nimmermehr! Dies, eben
Dies ist's, was unsre Königin beängstigt –
Warum der Schlaf ihr Lager flieht – Ich lese
In ihren Augen ihrer Seele Kampf;   1030
Ihr Mund wagt ihre Wünsche nicht zu sprechen,
Doch vielbedeutend fragt ihr stummer Blick:
Ist unter allen meinen Dienern keiner,
Der die verhaßte Wahl mir spart, in ew'ger Furcht
Auf meinem Thron zu zittern, oder grausam
Die Königin, die eigne Blutsverwandte
Dem Beil zu unterwerfen?
P a u l e t.
Das ist nun die Notwendigkeit, steht nicht zu ändern.
B u r l e i g h.
Wohl stünd's zu ändern, meint die Königin,
Wenn sie nur aufmerksame Diener hätte.   1040
P a u l e t. Aufmerksame?
B u r l e i g h.   Die einen stummen Auftrag
Zu deuten wissen.
P a u l e t.   Einen stummen Auftrag!
B u r l e i g h. Die, wenn man ihnen eine gift'ge Schlange
Zu hüten gab, den anvertrauten Feind
Nicht wie ein heilig teures Kleinod hüten.
P a u l e t *(bedeutungsvoll)*.
Ein hohes Kleinod ist der gute Name,
Der unbescholtne Ruf der Königin,
Den kann man nicht zu wohl bewachen, Sir!
B u r l e i g h. Als man die Lady von dem Shrewsbury

Wegnahm und Ritter Paulets Hut vertraute,   1050
Da war die Meinung –
P a u l e t.   Ich will hoffen, Sir,
Die Meinung war, daß man den schwersten Auftrag
Den reinsten Händen übergeben wollte.
Bei Gott! Ich hätte dieses Schergenamt
Nicht übernommen, dächt' ich nicht, daß es
Den besten Mann in England forderte.
Laßt mich nicht denken, daß ich's etwas anderm
Als meinem reinen Rufe schuldig bin.
B u r l e i g h.
Man breitet aus, sie schwinde, läßt sie kränker
Und kränker werden, endlich still verscheiden,   1060
So stirbt sie in der Menschen Angedenken –
Und Euer Ruf bleibt rein.
P a u l e t.   Nicht mein Gewissen.
B u r l e i g h.
Wenn Ihr die eigne Hand nicht leihen wollt,
So werdet Ihr der fremden doch nicht wehren –
P a u l e t *(unterbricht ihn)*.
Kein Mörder soll sich ihrer Schwelle nahn,
Solang die Götter meines Dachs sie schützen.
Ihr Leben ist mir heilig, heil'ger nicht
Ist mir das Haupt der Königin von England.
Ihr seid die Richter! Richtet! Brecht den Stab!
Und wenn es Zeit ist, laßt den Zimmerer   1070
Mit Axt und Säge kommen, das Gerüst
Aufschlagen – für den Sheriff und den Henker
Soll meines Schlosses Pforte offen sein.
Jetzt ist sie zur Bewahrung mir vertraut,
Und seid gewiß, ich werde sie bewahren,
Daß sie nichts Böses tun soll, noch erfahren!
                    (Gehen ab.)

ZWEITER AUFZUG

Der Palast zu Westminster.

ERSTER AUFTRITT

*Der Graf von Kent und Sir William Davison begegnen
einander.*

Davison.
Seid Ihr's, Mylord von Kent? Schon vom Turnierplatz
Zurück, und ist die Festlichkeit zu Ende?
Kent. Wie? Wohntet Ihr dem Ritterspiel nicht bei?
Davison.
Mich hielt mein Amt.
Kent.   Ihr habt das schönste Schauspiel
Verloren, Sir, das der Geschmack ersonnen   1081
Und edler Anstand ausgeführt – denn wißt!
Es wurde vorgestellt die keusche Festung
Der Schönheit, wie sie vom Verlangen
Berennt wird – Der Lord Marschall, Oberrichter,
Der Seneschall nebst zehen andern Rittern
Der Königin verteidigten die Festung,
Und Frankreichs Kavaliere griffen an.
Voraus erschien ein Herold, der das Schloß
Aufforderte in einem Madrigale,   1090
Und von dem Wall antwortete der Kanzler.
Drauf spielte das Geschütz, und Blumensträuße,
Wohlriechend köstliche Essenzen wurden
Aus niedlichen Feldstücken abgefeuert.
Umsonst! die Stürme wurden abgeschlagen,
Und das Verlangen mußte sich zurückziehn.
Davison. Ein Zeichen böser Vorbedeutung, Graf,
Für die französische Brautwerbung.
Kent.
Nun, nun, das war ein Scherz – Im Ernste, denk ich,
Wird sich die Festung endlich doch ergeben.   1100

D a v i s o n. Glaubt Ihr? Ich glaub es nimmermehr.
K e n t. Die schwierigsten Artikel sind bereits
Berichtigt und von Frankreich zugestanden.
Monsieur begnügt sich, in verschlossener
Kapelle seinen Gottesdienst zu halten
Und öffentlich die Reichsreligion
Zu ehren und zu schützen – Hättet Ihr den Jubel
Des Volks gesehn, als diese Zeitung sich verbreitet!
Denn dieses war des Landes ew'ge Furcht,
Sie möchte sterben ohne Leibeserben   1110
Und England wieder Papstes Fesseln tragen,
Wenn ihr die Stuart auf dem Throne folgte.
D a v i s o n.
    Der Furcht kann es entledigt sein – *Sie* geht
    Ins Brautgemach, die Stuart geht zum Tode.
K e n t. Die Königin kommt!

ZWEITER AUFTRITT

*Die Vorigen. Elisabeth, von Leicester geführt. Graf Aube-
spine, Bellievre, Graf Shrewsbury, Lord Burleigh mit
noch andern französischen und englischen Herren treten
auf.*

E l i s a b e t h *(zu Aubespine).*
    Graf! Ich beklage diese edeln Herrn,
    Die ihr galanter Eifer über Meer
    Hiehergeführt, daß sie die Herrlichkeit
    Des Hofs von Saint Germain bei mir vermissen.
    Ich kann so präch'ge Götterfeste nicht   1120
    Erfinden als die königliche Mutter
    Von Frankreich – Ein gesittet fröhlich Volk,
    Das sich, sooft ich öffentlich mich zeige,
    Mit Segnungen um meine Sänfte drängt,
    Dies ist das Schauspiel, das ich fremden Augen
    Mit ein'gem Stolze zeigen kann. Der Glanz
    Der Edelfräulein, die im Schönheitsgarten
    Der Katharina blühn, verbärge nur
    Mich selber und mein schimmerlos Verdienst.
A u b e s p i n e. Nur *eine* Dame zeigt Westminsterhof

Dem überraschten Fremden – aber alles, 1131
Was an dem reizenden Geschlecht entzückt,
Stellt sich versammelt dar in dieser einen.
B e l l i e v r e. Erhabne Majestät von Engelland,
Vergönne, daß wir unsern Urlaub nehmen
Und Monsieur, unsern königlichen Herrn,
Mit der ersehnten Freudenpost beglücken.
Ihn hat des Herzens heiße Ungeduld
Nicht in Paris gelassen, er erwartet
Zu Amiens die Boten seines Glücks, 1140
Und bis nach Calais reichen seine Posten,
Das Jawort, das dein königlicher Mund
Aussprechen wird, mit Flügelschnelligkeit
Zu seinem trunknen Ohre hinzutragen.
E l i s a b e t h.
Graf Bellievre, dringt nicht weiter in mich.
Nicht Zeit ist's jetzt, ich wiederhol es Euch,
Die freud'ge Hochzeitfackel anzuzünden.
Schwarz hängt der Himmel über diesem Land,
Und besser ziemte mir der Trauerflor
Als das Gepränge bräutlicher Gewänder. 1150
Denn nahe droht ein jammervoller Schlag
Mein Herz zu treffen und mein eignes Haus.
B e l l i e v r e. Nur dein Versprechen gib uns, Königin,
In frohern Tagen folge die Erfüllung.
E l i s a b e t h.
Die Könige sind nur Sklaven ihres Standes,
Dem eignen Herzen dürfen sie nicht folgen.
Mein Wunsch war's immer, unvermählt zu sterben,
Und meinen Ruhm hätt' ich darein gesetzt,
Daß man dereinst auf meinem Grabstein läse:
»Hier ruht die jungfräuliche Königin.« 1160
Doch meine Untertanen wollen's nicht,
Sie denken jetzt schon fleißig an die Zeit,
Wo ich dahin sein werde – Nicht genug,
Daß *jetzt* der Segen dieses Land beglückt,
Auch ihrem künft'gen Wohl soll ich mich opfern,
Auch meine jungfräuliche Freiheit soll ich,
Mein höchstes Gut, hingeben für mein Volk,
Und der Gebieter wird mir aufgedrungen.

Es zeigt mir dadurch an, daß ich ihm nur
Ein Weib bin, und ich meinte doch, regiert   1170
Zu haben wie ein Mann und wie ein König.
Wohl weiß ich, daß man Gott nicht dient, wenn man
Die Ordnung der Natur verläßt, und Lob
Verdienen sie, die vor mir hier gewaltet,
Daß sie die Klöster aufgetan und tausend
Schlachtopfer einer falschverstandnen Andacht
Den Pflichten der Natur zurückgegeben.
Doch eine Königin, die ihre Tage
Nicht ungenützt in müßiger Beschauung
Verbringt, die unverdrossen, unermüdet   1180
Die schwerste aller Pflichten übt, *die* sollte
Von dem Naturzweck ausgenommen sein,
Der *eine* Hälfte des Geschlechts der Menschen
Der andern unterwürfig macht –
A u b e s p i n e. Jedwede Tugend, Königin, hast du
Auf deinem Thron verherrlicht, nichts ist übrig,
Als dem Geschlechte, dessen Ruhm du bist,
Auch noch in seinen eigensten Verdiensten
Als Muster vorzuleuchten. Freilich lebt
Kein Mann auf Erden, der es würdig ist,   1190
Daß du die Freiheit ihm zum Opfer brächtest.
Doch wenn Geburt, wenn Hoheit, Heldentugend
Und Männerschönheit einen Sterblichen
Der Ehre würdig machen, so –
E l i s a b e t h.   Kein Zweifel,
Herr Abgesandter, daß ein Ehebündnis
Mit einem königlichen Sohne Frankreichs
Mich ehrt! Ja, ich gesteh es unverhohlen,
Wenn es sein *muß* – wenn ich's nicht ändern kann,
Dem Dringen meines Volkes nachzugeben –
Und es wird stärker sein als ich, befürcht ich –   1200
So kenn ich in Europa keinen Fürsten,
Dem ich mein höchstes Kleinod, meine Freiheit,
Mit minderm Widerwillen opfern würde.
Laßt dies Geständnis Euch Genüge tun.
B e l l i e v r e. Es ist die *schönste* Hoffnung, doch es ist
Nur eine *Hoffnung,* und mein Herr wünscht mehr –
E l i s a b e t h. Was wünscht er?

(Sie zieht einen Ring vom Finger und betrachtet ihn
nachdenkend.) Hat die Königin doch nichts
Voraus vor dem gemeinen Bürgerweibe!
Das gleiche Zeichen weist auf gleiche Pflicht,
Auf gleiche Dienstbarkeit – Der Ring macht Ehen, 1210
Und Ringe sind's, die eine Kette machen.
– Bringt Seiner Hoheit dies Geschenk. Es ist
Noch keine Kette, bindet mich noch nicht,
Doch kann ein Reif draus werden, der mich bindet.

Bellievre *(kniet nieder, den Ring empfangend).*
In seinem Namen, große Königin,
Empfang ich knieend dies Geschenk und drücke
Den Kuß der Huldigung auf meiner Fürstin Hand!

Elisabeth *(zum Grafen Leicester, den sie während*
der letzten Rede unverwandt betrachtet hat).
Erlaubt, Mylord!
(Sie nimmt ihm das blaue Band ab und hängt es dem
Bellievre um.) Bekleidet Seine Hoheit
Mit diesem Schmuck, wie ich Euch hier damit
Bekleide und in meines Ordens Pflichten nehme. 1220
Honny soit qui mal y pense! – Es schwinde
Der Argwohn zwischen beiden Nationen,
Und ein vertraulich Band umschlinge fortan
Die Kronen Frankreich und Britannien!

Aubespine. Erhabne Königin, dies ist ein Tag
Der Freude! Möcht' er's allen sein, und möchte
Kein Leidender auf dieser Insel trauern!
Die Gnade glänzt auf deinem Angesicht,
Oh! daß ein Schimmer ihres heitern Lichts
Auf eine unglücksvolle Fürstin fiele, 1230
Die Frankreich und Britannien gleich nahe
Angeht –

Elisabeth.
Nicht weiter, Graf! Vermengen wir
Nicht zwei ganz unvereinbare Geschäfte.
Wenn Frankreich ernstlich meinen Bund verlangt,
Muß es auch meine Sorgen mit mir teilen
Und meiner Feinde Freund nicht sein –

Aubespine. Unwürdig
In deinen eignen Augen würd' es handeln,

Wenn es die Unglückselige, die Glaubens-
Verwandte und die Witwe seines Königs
In diesem Bund vergäße – Schon die Ehre,   1240
Die Menschlichkeit verlangt –
E l i s a b e t h.   In diesem Sinn
Weiß ich sein Fürwort nach Gebühr zu schätzen.
Frankreich erfüllt die Freundespflicht; mir wird
Verstattet sein, als Königin zu handeln.
(Sie neigt sich gegen die französischen Herren, welche
sich mit den übrigen Lords ehrfurchtsvoll entfernen.)

DRITTER AUFTRITT

Elisabeth. Leicester. Burleigh. Talbot.
(Die Königin setzt sich.)

B u r l e i g h. Ruhmvolle Königin! Du krönest heut
Die heißen Wünsche deines Volks. Nun erst
Erfreun wir uns der segenvollen Tage,
Die du uns schenkst, da wir nicht zitternd mehr
In eine stürmevolle Zukunft schauen.
Nur *eine* Sorge kümmert noch dies Land,   1250
Ein Opfer ist's, das alle Stimmen fordern.
Gewähr auch dieses, und der heut'ge Tag
Hat Englands Wohl auf immerdar gegründet.
E l i s a b e t h.
Was wünscht mein Volk noch? Sprecht, Mylord.
B u r l e i g h.   Es fordert
Das Haupt der Stuart – Wenn du deinem Volk
Der Freiheit köstliches Geschenk, das teuer
Erworbne Licht der Wahrheit willst versichern,
So muß *sie* nicht mehr sein – Wenn wir nicht ewig
Für dein kostbares Leben zittern sollen,
So muß die Feindin untergehn! – Du weißt es,   1260
Nicht alle deine Briten denken gleich,
Noch viele heimliche Verehrer zählt
Der röm'sche Götzendienst auf dieser Insel.
Die alle nähren feindliche Gedanken,
Nach dieser Stuart steht ihr Herz, sie sind
Im Bunde mit den lothringischen Brüdern,

Den unversöhnten Feinden deines Namens.
Dir ist von dieser wütenden Partei
Der grimmige Vertilgungskrieg geschworen,
Den man mit falschen Höllenwaffen führt.   1270
Zu Reims, dem Bischofssitz des Kardinals,
Dort ist das Rüsthaus, wo sie Blitze schmieden,
Dort wird der Königsmord gelehrt – Von dort
Geschäftig senden sie nach deiner Insel
Die Missionen aus, entschloßne Schwärmer,
In allerlei Gewand vermummt – Von dort
Ist schon der dritte Mörder ausgegangen,
Und unerschöpflich, ewig neu erzeugen
Verborgne Feinde sich aus diesem Schlunde.
– Und in dem Schloß zu Fotheringhay sitzt   1280
Die Ate dieses ew'gen Kriegs, die mit
Der Liebesfackel dieses Reich entzündet.
Für sie, die schmeichelnd jedem Hoffnung gibt,
Weiht sich die Jugend dem gewissen Tod –
Sie zu befreien, ist die Losung; sie
Auf deinen Thron zu setzen, ist der Zweck.
Denn dies Geschlecht der Lothringer erkennt
Dein heilig Recht nicht an, du heißest ihnen
Nur eine Räuberin des Throns, gekrönt
Vom Glück! Sie waren's, die die Törichte   1290
Verführt, sich Englands Königin zu schreiben.
Kein Friede ist mit ihr und ihrem Stamm!
Du mußt den Streich erleiden oder führen.
Ihr Leben ist dein Tod! Ihr Tod dein Leben!
E l i s a b e t h. Mylord! Ein traurig Amt verwaltet Ihr.
Ich kenne Eures Eifers reinen Trieb,
Weiß, daß gediegne Weisheit aus Euch redet;
Doch diese Weisheit, welche Blut befiehlt,
Ich hasse sie in meiner tiefsten Seele.
Sinnt einen mildern Rat aus – Edler Lord   1300
Von Shrewsbury! Sagt *Ihr* uns Eure Meinung.
T a l b o t. Du gabst dem Eifer ein gebührend Lob,
Der Burleighs treue Brust beseelt – Auch mir,
Strömt es mir gleich nicht so beredt vom Munde,
Schlägt in der Brust kein minder treues Herz.
Mögst du noch lange leben, Königin,

Die Freude deines Volks zu sein, das Glück
Des Friedens diesem Reiche zu verlängern.
So schöne Tage hat dies Eiland nie
Gesehn, seit eigne Fürsten es regieren.   1310
Mög' es sein Glück mit seinem Ruhme nicht
Erkaufen! Möge Talbots Auge wenigstens
Geschlossen sein, wenn dies geschieht!

Elisabeth.
Verhüte Gott, daß wir den Ruhm befleckten!

Talbot.
Nun dann, so wirst du auf ein ander Mittel sinnen,
Dies Reich zu retten – denn die Hinrichtung
Der Stuart ist ein ungerechtes Mittel.
Du kannst das Urteil über *die* nicht sprechen,
Die dir nicht untertänig ist.

Elisabeth.   So irrt
Mein Staatsrat und mein Parlament, im Irrtum   1320
Sind alle Richterhöfe dieses Landes,
Die mir dies Recht einstimmig zuerkannt –

Talbot.
Nicht Stimmenmehrheit ist des Rechtes Probe,
England ist nicht die Welt, dein Parlament
Nicht der Verein der menschlichen Geschlechter.
Dies heut'ge England ist das künft'ge nicht,
Wie's das vergangne nicht mehr ist – Wie sich
Die Neigung anders wendet, also steigt
Und fällt des *Urteils* wandelbare Woge.
Sag nicht, du müssest der Notwendigkeit   1330
Gehorchen und dem Dringen deines Volks.
Sobald du willst, in jedem Augenblick
Kannst du erproben, daß dein Wille frei ist.
Versuch's! Erkläre, daß du Blut verabscheust,
Der Schwester Leben *willst* gerettet sehn,
Zeig denen, die dir anders raten wollen,
Die Wahrheit deines königlichen Zorns –
Schnell wirst du die Notwendigkeit verschwinden
Und Recht in Unrecht sich verwandeln sehn.
Du selbst mußt richten, du allein. Du kannst dich   1340
Auf dieses unstet schwanke Rohr nicht lehnen.
Der eignen Milde folge du getrost.

Nicht Strenge legte Gott ins weiche Herz
Des Weibes – Und die Stifter dieses Reichs,
Die auch dem Weib die Herrscherzügel gaben,
Sie zeigten an, daß Strenge nicht die Tugend
Der Könige soll sein in diesem Lande.

Elisabeth. Ein warmer Anwalt ist Graf Shrewsbury
Für meine Feindin und des Reichs. Ich ziehe
Die Räte vor, die meine Wohlfahrt lieben.   1350

Talbot.
Man gönnt ihr keinen Anwalt, niemand wagt's,
Zu ihrem Vorteil sprechend, deinem Zorn
Sich bloßzustellen – So vergönne mir,
Dem alten Manne, den am Grabesrand
Kein irdisch Hoffen mehr verführen kann,
Daß ich die Aufgegebene beschütze.
Man soll nicht sagen, daß in deinem Staatsrat
Die Leidenschaft, die Selbstsucht eine Stimme
Gehabt, nur die Barmherzigkeit geschwiegen.
Verbündet hat sich alles wider sie,   1360
Du selber hast ihr Antlitz nie gesehn,
Nichts spricht in deinem Herzen für die Fremde.
– Nicht ihrer Schuld red ich das Wort. Man sagt,
Sie habe den Gemahl ermorden lassen;
Wahr ist's, daß sie den Mörder ehlichte.
Ein schwer Verbrechen! – Aber es geschah
In einer finster unglückvollen Zeit,
Im Angstgedränge bürgerlichen Kriegs,
Wo sie, die Schwache, sich umrungen sah
Von heftigdringenden Vasallen, sich   1370
Dem Mutvollstärksten in die Arme warf –
Wer weiß, durch welcher Künste Macht besiegt?
Denn ein gebrechlich Wesen ist das Weib.

Elisabeth.
Das Weib ist nicht schwach. Es gibt starke Seelen
In dem Geschlecht – Ich will in meinem Beisein
Nichts von der Schwäche des Geschlechtes hören.

Talbot. Dir war das Unglück eine strenge Schule.
Nicht seine Freudenseite kehrte *dir*
Das Leben zu. Du sahest keinen Thron
Von ferne, nur das Grab zu deinen Füßen.   1380

Zu Woodstock war's und in des Towers Nacht,
Wo dich der gnäd'ge Vater dieses Landes
Zur ersten Pflicht durch Trübsal auferzog.
Dort suchte dich der Schmeichler nicht. Früh lernte,
Vom eiteln Weltgeräusche nicht zerstreut,
Dein Geist sich sammeln, denkend in sich gehn
Und dieses Lebens wahre Güter schätzen.
– Die Arme rettete kein Gott. Ein zartes Kind
Ward sie verpflanzt nach Frankreich, an den Hof
Des Leichtsinns, der gedankenlosen Freude.   1390
Dort in der Feste ew'ger Trunkenheit
Vernahm sie nie der Wahrheit ernste Stimme.
Geblendet ward sie von der Laster Glanz
Und fortgeführt vom Strome des Verderbens.
Ihr ward der Schönheit eitles Gut zuteil,
Sie überstrahlte blühend alle Weiber,
Und durch Gestalt nicht minder als Geburt – –

Elisabeth.
Kommt zu Euch selbst, Mylord von Shrewsbury!
Denkt, daß wir hier im ernsten Rate sitzen.
Das müssen Reize sondergleichen sein,   1400
Die einen Greis in solches Feuer setzen.
– Mylord von Leicester! Ihr allein schweigt still?
Was ihn beredt macht, bindet's Euch die Zunge?

Leicester.
Ich schweige für Erstaunen, Königin,
Daß man dein Ohr mit Schrecknissen erfüllt,
Daß diese Märchen, die in Londons Gassen
Den gläub'gen Pöbel ängsten, bis herauf
In deines Staatsrats heitre Mitte steigen
Und weise Männer ernst beschäftigen.
Verwunderung ergreift mich, ich gesteh's,   1410
Daß diese länderlose Königin
Von Schottland, die den eignen kleinen Thron
Nicht zu behaupten wußte, ihrer eignen
Vasallen Spott, der Auswurf ihres Landes,
Dein Schrecken wird auf einmal im Gefängnis!
– Was, beim Allmächt'gen! machte sie dir furchtbar?
Daß sie dies Reich in Anspruch nimmt? daß dich
Die Guisen nicht als Königin erkennen?

Kann dieser Guisen Widerspruch das Recht
Entkräften, das Geburt dir gab, der Schluß   1420
Der Parlamente dir bestätigte?
Ist *sie* durch Heinrichs letzten Willen nicht
Stillschweigend abgewiesen, und wird England,
So glücklich im Genuß des neuen Lichts,
Sich der Papistin in die Arme werfen?
Von dir, der angebeteten Monarchin,
Zu Darnleys Mörderin hinüberlaufen?
Was wollen diese ungestümen Menschen,
Die dich noch lebend mit der Erbin quälen,
Dich nicht geschwind genug vermählen können,   1430
Um Staat und Kirche von Gefahr zu retten?
Stehst du nicht blühend da in Jugendkraft,
Welkt jene nicht mit jedem Tag zum Grabe?
Bei Gott! Du wirst, ich hoff's, noch viele Jahre
Auf ihrem Grabe wandeln, ohne daß
Du selber sie hinabzustürzen brauchtest –

B u r l e i g h.

Lord Leicester hat nicht immer so geurteilt.

L e i c e s t e r.

Wahr ist's, ich habe selber meine Stimme
Zu ihrem Tod gegeben im *Gericht.*
– Im *Staatsrat* sprech ich anders. Hier ist nicht   1440
Die Rede von dem Recht, nur von dem Vorteil.
Ist's jetzt die Zeit, von ihr Gefahr zu fürchten,
Da Frankreich sie verläßt, ihr einz'ger Schutz,
Da du den Königssohn mit deiner Hand
Beglücken willst, die Hoffnung eines neuen
Regentenstammes diesem Lande blüht?
Wozu sie also töten? Sie *ist* tot!
Verachtung ist der wahre Tod. Verhüte,
Daß nicht das Mitleid sie ins Leben rufe!
Drum ist mein Rat: Man lasse die Sentenz,   1450
Die ihr das Haupt abspricht, in voller Kraft
Bestehn! Sie lebe – aber unterm Beile
Des Henkers lebe sie, und schnell, wie sich
Ein Arm für sie bewaffnet, fall' es nieder.

E l i s a b e t h *(steht auf).*

Mylords, ich hab nun eure Meinungen

Gehört und sag euch Dank für euren Eifer.
Mit Gottes Beistand, der die Könige
Erleuchtet, will ich eure Gründe prüfen
Und wählen, was das Bessere mir dünkt.

VIERTER AUFTRITT

Die Vorigen. Ritter Paulet mit Mortimern.

E l i s a b e t h. Da kommt Amias Paulet. Edler Sir, 1460
Was bringt Ihr uns?
P a u l e t.   Glorwürd'ge Majestät!
Mein Neffe, der ohnlängst von weiten Reisen
Zurückgekehrt, wirft sich zu deinen Füßen
Und leistet dir sein jugendlich Gelübde.
Empfange du es gnadenvoll und laß
Ihn wachsen in der Sonne deiner Gunst.
M o r t i m e r *(läßt sich auf ein Knie nieder).*
Lang lebe meine königliche Frau,
Und Glück und Ruhm bekröne ihre Stirne!
E l i s a b e t h.
Steht auf. Seid mir willkommen, Sir, in England.
Ihr habt den großen Weg gemacht, habt Frankreich 1470
Bereist und Rom und Euch zu Reims verweilt.
Sagt mir denn an, was spinnen unsre Feinde?
M o r t i m e r.
Ein Gott verwirre sie und wende rückwärts
Auf ihrer eignen Schützen Brust die Pfeile,
Die gegen meine Königin gesandt sind.
E l i s a b e t h.
Saht Ihr den Morgan und den ränkespinnenden
Bischof von Roße?
M o r t i m e r.   Alle schottische
Verbannte lernt' ich kennen, die zu Reims
Anschläge schmieden gegen diese Insel.
In ihr Vertrauen stahl ich mich, ob ich   1480
Etwa von ihren Ränken was entdeckte.
P a u l e t. Geheime Briefe hat man ihm vertraut,
In Ziffern, für die Königin von Schottland,
Die er mit treuer Hand *uns* überliefert.

E l i s a b e t h. Sagt, was sind ihre neuesten Entwürfe?

M o r t i m e r. Es traf sie alle wie ein Donnerstreich,
Daß Frankreich sie verläßt, den festen Bund
Mit England schließt; jetzt richten sie die Hoffnung
Auf Spanien.

E l i s a b e t h. So schreibt mir Walsingham.

M o r t i m e r. Auch eine Bulle, die Papst Sixtus jüngst
Vom Vatikane gegen dich geschleudert, 1491
Kam eben an zu Reims, als ich's verließ,
Das nächste Schiff bringt sie nach dieser Insel.

L e i c e s t e r.
Vor solchen Waffen zittert England nicht mehr.

B u r l e i g h.
Sie werden furchtbar in des Schwärmers Hand.

E l i s a b e t h *(Mortimern forschend ansehend).*
Man gab Euch schuld, daß Ihr zu Reims die Schulen
Besucht und Euren Glauben abgeschworen?

M o r t i m e r.
Die Miene gab ich mir, ich leugn' es nicht,
So weit ging die Begierde, dir zu dienen!

E l i s a b e t h *(zu Paulet, der ihr Papiere überreicht).*
Was zieht Ihr da hervor?

P a u l e t. Es ist ein Schreiben, 1500
Das dir die Königin von Schottland sendet.

B u r l e i g h *(hastig darnach greifend).*
Gebt mir den Brief.

P a u l e t *(gibt das Papier der Königin).*
Verzeiht, Lord Großschatzmeister!
In meiner Königin selbsteigne Hand
Befahl sie mir den Brief zu übergeben.
Sie sagt mir stets, ich sei ihr Feind. Ich bin
Nur ihrer Laster Feind; was sich verträgt
Mit meiner Pflicht, mag ich ihr gern erweisen.

*(Die Königin hat den Brief genommen. Während sie ihn
liest, sprechen Mortimer und Leicester einige Worte heimlich miteinander.)*

B u r l e i g h *(zu Paulet).*
Was kann der Brief enthalten? Eitle Klagen,
Mit denen man das mitleidsvolle Herz
Der Königin verschonen soll.

P a u l e t.   Was er   1510
  Enthält, hat sie mir nicht verhehlt. Sie bittet
  Um die Vergünstigung, das Angesicht
  Der Königin zu sehen.
B u r l e i g h *(schnell).* Nimmermehr!
T a l b o t. Warum nicht? Sie erfleht nichts Ungerechtes.
B u r l e i g h. Die Gunst des königlichen Angesichts
  Hat sie verwirkt, die Mordanstifterin,
  Die nach dem Blut der Königin gedürstet.
  Wer's treu mit seiner Fürstin meint, der kann
  Den falsch verräterischen Rat nicht geben.
T a l b o t. Wenn die Monarchin sie beglücken will,   1520
  Wollt Ihr der Gnade sanfte Regung hindern?
B u r l e i g h. Sie ist verurteilt! Unterm Beile liegt
  Ihr Haupt. Unwürdig ist's der Majestät,
  Das Haupt zu sehen, das dem Tod geweiht ist.
  Das Urteil kann nicht mehr vollzogen werden,
  Wenn sich die Königin ihr genahet hat,
  Denn Gnade bringt die königliche Nähe –
E l i s a b e t h *(nachdem sie den Brief gelesen, ihre Trä-*
  nen trocknend).
  Was ist der Mensch! Was ist das Glück der Erde!
  Wie weit ist diese Königin gebracht,
  Die mit so stolzen Hoffnungen begann,   1530
  Die auf den ältsten Thron der Christenheit
  Berufen worden, die in ihrem Sinn
  Drei Kronen schon aufs Haupt zu setzen meinte!
  Welch andre Sprache führt sie jetzt als damals,
  Da sie das Wappen Englands angenommen
  Und von den Schmeichlern ihres Hofs sich Königin
  Der zwei britann'schen Inseln nennen ließ!
  – Verzeiht, Mylords, es schneidet mir ins Herz,
  Wehmut ergreift mich, und die Seele blutet,
  Daß Irdisches nicht fester steht, das Schicksal   1540
  Der Menschheit, das entsetzliche, so nahe
  An meinem eignen Haupt vorüberzieht.
T a l b o t. O Königin! Dein Herz hat Gott gerührt,
  Gehorche dieser himmlischen Bewegung!
  Schwer büßte sie fürwahr die schwere Schuld,
  Und Zeit ist's, daß die harte Prüfung ende!

Reich ihr die Hand, der Tiefgefallenen;
Wie eines Engels Lichterscheinung steige
In ihres Kerkers Gräbernacht hinab –
Burleigh. Sei standhaft, große Königin. Laß nicht
Ein lobenswürdig menschliches Gefühl   1551
Dich irreführen. Raube dir nicht selbst
Die Freiheit, das Notwendige zu tun.
Du *kannst* sie nicht begnadigen, *nicht* retten,
So lade nicht auf dich verhaßten Tadel,
Daß du mit grausam höhnendem Triumph
Am Anblick deines Opfers dich geweidet.
Leicester.
Laßt uns in unsern Schranken bleiben, Lords.
Die Königin ist weise, sie bedarf
Nicht unsers Rats, das Würdigste zu wählen.   1560
Die Unterredung beider Königinnen
Hat nichts gemein mit des Gerichtes Gang.
Englands Gesetz, nicht der Monarchin Wille
Verurteilt die Maria. Würdig ist's
Der großen Seele der Elisabeth,
Daß sie des Herzens schönem Triebe folge,
Wenn das Gesetz den strengen Lauf behält.
Elisabeth.
Geht, meine Lords. Wir werden Mittel finden,
Was Gnade fordert, was Notwendigkeit
Uns auferlegt, geziemend zu vereinen.   1570
Jetzt – tretet ab!
*(Die Lords gehen. An der Türe ruft sie den Mortimer
zurück.)*
Sir Mortimer! Ein Wort!

FÜNFTER AUFTRITT

Elisabeth. Mortimer.

Elisabeth *(nachdem sie ihn einige Augenblicke for-
schend mit den Augen gemessen).*
Ihr zeigtet einen kecken Mut und seltne
Beherrschung Eurer selbst für Eure Jahre.
Wer schon so früh der Täuschung schwere Kunst

      Ausübte, der ist mündig vor der Zeit,
      Und er verkürzt sich seine Prüfungsjahre.
      – Auf eine große Bahn ruft Euch das Schicksal,
      Ich prophezei es Euch, und mein Orakel
      Kann ich, zu Eurem Glücke! selbst vollziehn.
M o r t i m e r. Erhabene Gebieterin, was ich   1580
      Vermag und bin, ist deinem Dienst gewidmet.
E l i s a b e t h.
      Ihr habt die Feinde Englands kennen lernen.
      Ihr Haß ist unversöhnlich gegen mich,
      Und unerschöpflich ihre Blutentwürfe.
      Bis diesen Tag zwar schützte mich die Allmacht,
      Doch ewig wankt die Kron' auf meinem Haupt,
      Solang *sie* lebt, die ihrem Schwärmereifer
      Den Vorwand leiht und ihre Hoffnung nährt.
M o r t i m e r.
      Sie lebt nicht mehr, sobald du es gebietest.
E l i s a b e t h.
      Ach, Sir! Ich glaubte mich am Ziele schon   1590
      Zu sehn und bin nicht weiter als am Anfang.
      Ich wollte die Gesetze handeln lassen,
      Die eigne Hand vom Blute rein behalten.
      Das Urteil ist gesprochen. Was gewinn ich?
      Es muß *vollzogen* werden, Mortimer!
      Und *ich* muß die Vollziehung anbefehlen.
      Mich immer trifft der Haß der Tat. Ich muß
      Sie eingestehn und kann den Schein nicht retten.
      Das ist das Schlimmste!
M o r t i m e r.   Was bekümmert dich
      Der böse Schein bei der gerechten Sache?   1600
E l i s a b e t h.
      Ihr kennt die Welt nicht, Ritter. Was man *scheint,*
      Hat jedermann zum Richter; was man *ist,* hat keinen.
      Von meinem Rechte überzeug ich niemand,
      So muß ich Sorge tragen, daß mein Anteil
      An ihrem Tod in ew'gem Zweifel bleibe.
      Bei solchen Taten doppelter Gestalt
      Gibt's keinen Schutz als in der Dunkelheit.
      Der schlimmste Schritt ist, den man eingesteht,
      Was man nicht aufgibt, hat man nie verloren.

Mortimer *(ausforschend).*
  Dann wäre wohl das beste –
Elisabeth *(schnell).*   Freilich wär's   1610
  Das Beste – O mein guter Engel spricht
  Aus Euch. Fahrt fort, vollendet, werter Sir!
  Euch ist es ernst, Ihr dringet auf den Grund,
  Seid ein ganz andrer Mann als Euer Oheim –
Mortimer *(betroffen).*
  Entdecktest du dem Ritter deinen Wunsch?
Elisabeth. Mich reuet, daß ich's tat.
Mortimer.   Entschuldige
  Den alten Mann. Die Jahre machen ihn
  Bedenklich. Solche Wagestücke fordern
  Den kecken Mut der Jugend –
Elisabeth *(schnell).*   Darf ich Euch –
Mortimer. Die Hand will ich dir leihen, rette du 1620
  Den Namen, wie du kannst –
Elisabeth.   Ja, Sir! Wenn Ihr
  Mich eines Morgens mit der Botschaft wecktet:
  Maria Stuart, deine blut'ge Feindin,
  Ist heute nacht verschieden!
Mortimer.   Zähl auf mich.
Elisabeth.
  Wann wird mein Haupt sich ruhig schlafen legen?
Mortimer.
  Der nächste Neumond ende deine Furcht.
Elisabeth.
  – Gehabt Euch wohl, Sir! Laßt es Euch nicht leid tun,
  Daß meine Dankbarkeit den Flor der Nacht
  Entlehnen muß – Das Schweigen ist der Gott
  Der Glücklichen – die engsten Bande sind's,   1630
  Die zärtesten, die das Geheimnis stiftet! *(Sie geht ab.)*

SECHSTER AUFTRITT

Mortimer *(allein).*
  Geh, falsche, gleisnerische Königin!
  Wie du die Welt, so täusch ich dich. Recht ist's,
  Dich zu verraten, eine gute Tat!

Seh ich aus wie ein Mörder? Lasest du
Ruchlose Fertigkeit auf meiner Stirn?
Trau nur auf *meinen* Arm und halte *deinen*
Zurück, gib dir den frommen Heuchelschein
Der Gnade vor der Welt, indessen du
Geheim auf meine Mörderhilfe hoffst –   1640
So werden wir zur Rettung Frist gewinnen!
    Erhöhen willst du mich – zeigst mir von ferne
Bedeutend einen kostbarn Preis – Und wärst
Du selbst der Preis und deine Frauengunst!
Wer bist du, Ärmste, und was kannst du geben?
Mich locket nicht des eiteln Ruhmes Geiz!
Bei ihr nur ist des Lebens Reiz –
Um sie, in ew'gem Freudenchore, schweben
Der Anmut Götter und der Jugendlust,
Das Glück der Himmel ist an ihrer Brust –   1650
Du hast nur tote Güter zu vergeben!
Das *eine* Höchste, was das Leben schmückt,
Wenn sich ein Herz, entzückend und entzückt,
Dem Herzen schenkt in süßem Selbstvergessen,
Die Frauenkrone hast du nie besessen,
Nie hast du liebend einen Mann beglückt!
– Ich muß den Lord erwarten, ihren Brief
Ihm übergeben. Ein verhaßter Auftrag!
Ich habe zu dem Höflinge kein Herz –
Ich selber kann sie retten, ich allein,   1660
Gefahr und Ruhm und auch der Preis sei mein!
    (Indem er gehen will, begegnet ihm Paulet.)

SIEBENTER AUFTRITT

Mortimer. Paulet.

P a u l e t. Was sagte dir die Königin?
M o r t i m e r.   Nichts, Sir.
Nichts – von Bedeutung.
P a u l e t *(fixiert ihn mit ernstem Blick).*
                            Höre, Mortimer!
Es ist ein schlüpfrig glatter Grund, auf den
Du dich begeben. Lockend ist die Gunst

Der Könige, nach Ehre geizt die Jugend.
– Laß dich den Ehrgeiz nicht verführen!
Mortimer.
Wart Ihr's nicht selbst, der an den Hof mich brachte?
Paulet.
Ich wünschte, daß ich's nicht getan. Am Hofe
Ward *unsers* Hauses Ehre nicht gesammelt.   1670
Steh fest, mein Neffe. Kaufe nicht zu teuer!
Verletze dein Gewissen nicht!
Mortimer.
Was fällt Euch ein? Was für Besorgnisse!
Paulet. Wie groß dich auch die Königin zu machen
Verspricht – Trau ihrer Schmeichelrede nicht.
Verleugnen wird sie dich, wenn du gehorcht,
Und, ihren eignen Namen reinzuwaschen,
Die Bluttat rächen, die sie selbst befahl.
Mortimer.
Die Bluttat, sagt Ihr –
Paulet.   Weg mit der Verstellung!
Ich weiß, was dir die Königin angesonnen,   1680
Sie hofft, daß deine ruhmbegier'ge Jugend
Willfähr'ger sein wird als mein starres Alter.
Hast du ihr zugesagt? Hast du?
Mortimer.   Mein Oheim!
Paulet. Wenn du's getan hast, so verfluch ich dich,
Und dich verwerfe –
Leicester *(kommt)*. Werter Sir, erlaubt
Ein Wort mit Eurem Neffen. Die Monarchin
Ist gnadenvoll gesinnt für ihn, sie will,
Daß man ihm die Person der Lady Stuart
Uneingeschränkt vertraue – Sie verläßt sich
Auf seine Redlichkeit –
Paulet.   Verläßt sich – Gut!   1690
Leicester.
Was sagt Ihr, Sir?
Paulet.   Die Königin verläßt sich
Auf ihn, und ich, Mylord, verlasse mich
Auf mich und meine beiden offnen Augen. *(Er geht ab.)*

ACHTER AUFTRITT

Leicester. Mortimer.

L e i c e s t e r *(verwundert).*
  Was wandelte den Ritter an?
M o r t i m e r. Ich weiß es nicht – Das unerwartete
  Vertrauen, das die Königin mir schenkt –
L e i c e s t e r *(ihn forschend ansehend).*
  Verdient Ihr, Ritter, daß man Euch vertraut?
M o r t i m e r *(ebenso).*
  Die Frage tu ich Euch, Mylord von Leicester.
L e i c e s t e r. Ihr hattet mir was in geheim zu sagen.
M o r t i m e r. Versichert mich erst, daß ich's wagen darf.
L e i c e s t e r. Wer gibt mir die Versicherung für Euch?
  – Laßt Euch mein Mißtraun nicht beleidigen!   1702
  Ich seh Euch zweierlei Gesichter zeigen
  An diesem Hofe – Eins darunter ist
  Notwendig falsch, doch welches ist das wahre?
M o r t i m e r.
  Es geht mir ebenso mit Euch, Graf Leicester.
L e i c e s t e r.
  Wer soll nun des Vertrauens Anfang machen?
M o r t i m e r. Wer das Geringere zu wagen hat.
L e i c e s t e r.
  Nun! Der seid Ihr!
M o r t i m e r.   Ihr seid es! *Euer* Zeugnis,
  Des vielbedeutenden, gewalt'gen Lords,   1710
  Kann mich zu Boden schlagen; *meins* vermag
  Nichts gegen Euren Rang und Eure Gunst.
L e i c e s t e r. Ihr irrt Euch, Sir. In allem andern bin ich
  Hier mächtig, nur in diesem zarten Punkt,
  Den ich jetzt Eurer Treu' preisgeben soll,
  Bin ich der schwächste Mann an diesem Hof,
  Und ein verächtlich Zeugnis kann mich stürzen.
M o r t i m e r.
  Wenn sich der allvermögende Lord Leicester
  So tief zu mir herunterläßt, ein solch
  Bekenntnis mir zu tun, so darf ich wohl   1720
  Ein wenig höher denken von mir selbst
  Und ihm in Großmut ein Exempel geben.

Leicester.
Geht mir voran im Zutraun, ich will folgen.
Mortimer *(den Brief schnell hervorziehend).*
Dies sendet Euch die Königin von Schottland.
Leicester *(schrickt zusammen und greift hastig dar-*
nach). Sprecht leise, Sir – Was seh ich! Ach! Es ist
Ihr Bild!
(Küßt es und betrachtet es mit stummem Entzücken.)
Mortimer *(der ihn während des Lesens scharf beob-*
achtet). Mylord, nun glaub ich Euch.
Leicester *(nachdem er den Brief schnell durchlaufen).*
Sir Mortimer! Ihr wißt des Briefes Inhalt?
Mortimer.
Nichts weiß ich.
Leicester.   Nun! Sie hat Euch ohne Zweifel
Vertraut –
Mortimer.   Sie hat mir nichts vertraut. *Ihr* würdet
Dies Rätsel mir erklären, sagte sie.   1730
Ein Rätsel ist es mir, daß Graf von Leicester,
Der Günstling der Elisabeth, Mariens
Erklärter Feind und ihrer Richter einer,
Der Mann sein soll, von dem die Königin
In ihrem Unglück Rettung hofft – Und dennoch
Muß dem so sein, denn Eure Augen sprechen
Zu deutlich aus, was Ihr für sie empfindet.
Leicester.
Entdeckt mir selbst erst, wie es kommt, daß Ihr
Den feur'gen Anteil nehmt an ihrem Schicksal,
Und was Euch ihr Vertraun erwarb.
Mortimer.   Mylord,   1740
Das kann ich Euch mit wenigem erklären.
Ich habe meinen Glauben abgeschworen
Zu Rom und steh im Bündnis mit den Guisen.
Ein Brief des Erzbischofs zu Reims hat mich
Beglaubigt bei der Königin von Schottland.
Leicester.
Ich weiß von Eurer Glaubensänderung,
Sie ist's, die mein Vertrauen zu Euch weckte.
Gebt mir die Hand. Verzeiht mir meinen Zweifel.
Ich kann der Vorsicht nicht zu viel gebrauchen,

Denn Walsingham und Burleigh hassen mich,   1750
Ich weiß, daß sie mir lauernd Netze stellen.
Ihr konntet ihr Geschöpf und Werkzeug sein,
Mich in das Garn zu ziehn –
M o r t i m e r.   Wie kleine Schritte
Geht ein so großer Lord an diesem Hof!
Graf, ich beklag Euch!
L e i c e s t e r.   Freudig werf ich mich
An die vertraute Freundesbrust, wo ich
Des langen Zwangs mich endlich kann entladen.
Ihr seid verwundert, Sir, daß ich so schnell
Das Herz geändert gegen die Maria.
Zwar in der Tat haßt' ich sie nie – der Zwang   1760
Der Zeiten machte mich zu ihrem Gegner.
Sie war mir zugedacht seit langen Jahren,
Ihr wißt's, eh' sie die Hand dem Darnley gab,
Als noch der Glanz der Hoheit sie umlachte.
Kalt stieß ich damals dieses Glück von mir;
Jetzt im Gefängnis, an des Todes Pforten
Such ich sie auf, und mit Gefahr des Lebens.
M o r t i m e r.
Das heißt großmütig handeln!
L e i c e s t e r.   – Die Gestalt
Der Dinge, Sir, hat sich indes verändert.
Mein Ehrgeiz war es, der mich gegen Jugend   1770
Und Schönheit fühllos machte. Damals hielt ich
Mariens Hand für mich zu klein, ich hoffte
Auf den Besitz der Königin von England.
M o r t i m e r.
Es ist bekannt, daß sie Euch allen Männern
Vorzog –
L e i c e s t e r.
          So schien es, edler Sir – und nun, nach zehn
Verlornen Jahren unverdroßnen Werbens,
Verhaßten Zwangs – O Sir, mein Herz geht auf!
Ich muß des langen Unmuts mich entladen –
Man preist mich glücklich – wüßte man, was es
Für Ketten sind, um die man mich beneidet –   1780
Nachdem ich zehen bittre Jahre lang
Dem Götzen ihrer Eitelkeit geopfert,

Mich jedem Wechsel ihrer Sultanslaunen
Mit Sklavendemut unterwarf, das Spielzeug
Des kleinen grillenhaften Eigensinns,
Geliebkost jetzt von ihrer Zärtlichkeit
Und jetzt mit sprödem Stolz zurückgestoßen,
Von ihrer Gunst und Strenge gleich gepeinigt,
Wie ein Gefangener vom Argusblick
Der Eifersucht gehütet, ins Verhör   1790
Genommen wie ein Knabe, wie ein Diener
Gescholten – o die Sprache hat kein Wort
Für diese Hölle –
M o r t i m e r.   Ich beklag Euch, Graf.
L e i c e s t e r.
Täuscht mich am Ziel der Preis! Ein andrer kommt,
Die Frucht des teuren Werbens mir zu rauben.
An einen jungen blühenden Gemahl
Verlier ich meine lang besessnen Rechte,
Heruntersteigen soll ich von der Bühne,
Wo ich so lange als der Erste glänzte.
Nicht ihre Hand allein, auch ihre Gunst   1800
Droht mir der neue Ankömmling zu rauben.
Sie ist ein Weib, und er ist liebenswert.
M o r t i m e r. Er ist Kathrinens Sohn. In guter Schule
Hat er des Schmeichelns Künste ausgelernt.
L e i c e s t e r.
So stürzen meine Hoffnungen – ich suche
In diesem Schiffbruch meines Glücks ein Brett
Zu fassen – und mein Auge wendet sich
Der ersten schönen Hoffnung wieder zu.
Mariens Bild, in ihrer Reize Glanz,
Stand neu vor mir, Schönheit und Jugend traten   1810
In ihre vollen Rechte wieder ein,
Nicht kalter Ehrgeiz mehr – das Herz verglich,
Und ich empfand, welch Kleinod ich verloren.
Mit Schrecken seh ich sie in tiefes Elend
Herabgestürzt, gestürzt durch mein Verschulden.
Da wird in mir die Hoffnung wach, ob ich
Sie jetzt noch retten könnte und besitzen.
Durch eine treue Hand gelingt es mir,
Ihr mein verändert Herz zu offenbaren,

Und dieser Brief, den Ihr mir überbracht,   1820
Versichert mir, daß sie verzeiht, sich mir
Zum Preise schenken will, wenn ich sie rette.
M o r t i m e r. Ihr tatet aber nichts zu ihrer Rettung!
Ihr ließt geschehn, daß sie verurteilt wurde,
Gabt Eure Stimme selbst zu ihrem Tod!
Ein Wunder muß geschehn – Der Wahrheit Licht
Muß mich, den Neffen ihres Hüters, rühren,
Im Vatikan zu Rom muß ihr der Himmel
Den unverhofften Retter zubereiten,
Sonst fand sie nicht einmal den Weg zu Euch!   1830
L e i c e s t e r.
Ach, Sir, es hat mir Qualen g'nug gekostet!
Um selbe Zeit ward sie von Talbots Schloß
Nach Fotheringhay weggeführt, der strengen
Gewahrsam Eures Oheims anvertraut.
Gehemmt ward jeder Weg zu ihr, ich mußte
Fortfahren vor der Welt, sie zu verfolgen.
Doch denket nicht, daß ich sie leidend hätte
Zum Tode gehen lassen! Nein, ich hoffte
Und hoffe noch, das Äußerste zu hindern,
Bis sich ein Mittel zeigt, sie zu befrein.   1840
M o r t i m e r.
Das ist gefunden – Leicester, Euer edles
Vertraun verdient Erwiderung. *Ich* will sie
Befreien, darum bin ich hier, die Anstalt
Ist schon getroffen, Euer mächt'ger Beistand
Versichert uns den glücklichen Erfolg.
L e i c e s t e r.
Was sagt Ihr? Ihr erschreckt mich. Wie? Ihr wolltet –
M o r t i m e r. Gewaltsam auftun will ich ihren Kerker,
Ich hab Gefährten, alles ist bereit –
L e i c e s t e r.
Ihr habt Mitwisser und Vertraute! Weh mir!
In welches Wagnis reißt Ihr mich hinein!   1850
Und diese wissen auch um *mein* Geheimnis?
M o r t i m e r.
Sorgt nicht. Der Plan ward ohne Euch entworfen,
Ohn' Euch wär' er vollstreckt, bestünde *sie*
Nicht drauf, *Euch* ihre Rettung zu verdanken.

Leicester.
　So könnt Ihr mich für ganz gewiß versichern,
　Daß in dem Bund mein Name nicht genannt ist?
Mortimer.
　Verlaßt Euch drauf! Wie? So bedenklich, Graf,
　Bei einer Botschaft, die Euch Hilfe bringt!
　Ihr wollt die Stuart retten und besitzen,
　Ihr findet Freunde, plötzlich, unerwartet,　　　　　1860
　Vom Himmel fallen Euch die nächsten Mittel –
　Doch zeigt Ihr mehr Verlegenheit als Freude?
Leicester. Es ist nichts mit Gewalt. Das Wagestück
　Ist zu gefährlich.
Mortimer.　　Auch das Säumen ist's!
Leicester.
　Ich sag Euch, Ritter, es ist nicht zu wagen.
Mortimer *(bitter)*.
　Nein, nicht für Euch, der sie *besitzen* will!
　Wir wollen sie bloß *retten* und sind nicht so
　Bedenklich –
Leicester.　Junger Mann, Ihr seid zu rasch
　In so gefährlich dornenvoller Sache.
Mortimer.
　Ihr – sehr bedacht in solchem Fall der Ehre.　　　1870
Leicester.
　Ich seh die Netze, die uns rings umgeben.
Mortimer.
　Ich fühle Mut, sie alle zu durchreißen.
Leicester. Tollkühnheit, Raserei ist dieser Mut.
Mortimer.
　Nicht Tapferkeit ist diese Klugheit, Lord.
Leicester.
　Euch lüstet's wohl, wie Babington zu enden?
Mortimer.
　Euch nicht, des Norfolks Großmut nachzuahmen.
Leicester.
　Norfolk hat seine Braut nicht heimgeführt.
Mortimer. Er hat bewiesen, daß er's würdig war.
Leicester. Wenn *wir* verderben, reißen wir sie nach.
Mortimer.
　Wenn wir uns schonen, wird sie nicht gerettet.　　1880

L e i c e s t e r.
　Ihr überlegt nicht, hört nicht, werdet alles
　Mit heftig blindem Ungestüm zerstören,
　Was auf so guten Weg geleitet war.
M o r t i m e r.
　Wohl auf den guten Weg, den *Ihr* gebahnt?
　Was habt *Ihr* denn getan, um sie zu retten?
　– Und wie? Wenn ich nun Bube g'nug gewesen,
　Sie zu *ermorden*, wie die Königin
　Mir anbefahl, wie sie zu dieser Stunde
　Von mir erwartet – Nennt mir doch die Anstalt,
　Die Ihr gemacht, ihr Leben zu erhalten.   1890
L e i c e s t e r *(erstaunt).*
　Gab Euch die Königin diesen Blutbefehl?
M o r t i m e r. Sie irrte sich in mir, wie sich Maria
　In Euch.
L e i c e s t e r.   Und Ihr habt zugesagt? Habt Ihr?
M o r t i m e r. Damit sie andre Hände nicht erkaufe,
　Bot ich die meinen an.
L e i c e s t e r.   Ihr tatet wohl.
　Dies kann uns Raum verschaffen. Sie verläßt sich
　Auf Euren blut'gen Dienst, das Todesurteil
　Bleibt unvollstreckt, und wir gewinnen Zeit –
M o r t i m e r *(ungeduldig).*
　Nein, wir verlieren Zeit!
L e i c e s t e r.   Sie zählt auf Euch,
　So minder wird sie Anstand nehmen, sich   1900
　Den Schein der Gnade vor der Welt zu geben.
　Vielleicht, daß ich durch List sie überrede,
　Das Angesicht der Gegnerin zu sehn,
　Und dieser Schritt muß ihr die Hände binden.
　Burleigh hat Recht. Das Urteil kann nicht mehr
　Vollzogen werden, wenn sie sie gesehn.
　– Ja, ich versuch es, alles biet ich auf –
M o r t i m e r.
　Und was erreicht Ihr dadurch? Wenn sie sich
　In mir getäuscht sieht, wenn Maria fortfährt,
　Zu leben – Ist nicht alles wie zuvor?   1910
　Frei wird sie niemals! Auch das Mildeste,
　Was kommen kann, ist ewiges Gefängnis.

Mit einer kühnen Tat müßt Ihr doch enden,
Warum wollt Ihr nicht gleich damit beginnen?
In Euren Händen ist die Macht, Ihr bringt
Ein Heer zusammen, wenn Ihr nur den Adel
Auf Euren vielen Schlössern waffnen wollt!
Maria hat noch viel verborgne Freunde;
Der Howard und der Percy edle Häuser,
Ob ihre Häupter gleich gestürzt, sind noch   1920
An Helden reich, sie harren nur darauf,
Daß ein gewalt'ger Lord das Beispiel gebe!
Weg mit Verstellung! Handelt öffentlich!
Verteidigt als ein Ritter die Geliebte,
Kämpft einen edeln Kampf um sie. Ihr seid
Herr der Person der Königin von England,
Sobald Ihr wollt. Lockt sie auf Eure Schlösser,
Sie ist Euch oft dahin gefolgt. Dort zeigt ihr
Den Mann! Sprecht als Gebieter! Haltet sie
Verwahrt, bis sie die Stuart freigegeben!   1930
L e i c e s t e r. Ich staune, ich entsetze mich – Wohin
Reißt Euch der Schwindel? – Kennt Ihr diesen Boden?
Wißt Ihr, wie's steht an diesem Hof, wie eng
Dies Frauenreich die Geister hat gebunden?
Sucht nach dem Heldengeist, der ehmals wohl
In diesem Land sich regte – Unterworfen
Ist alles, unterm Schlüssel eines Weibes,
Und jedes Mutes Federn abgespannt.
Folgt meiner Leitung. Wagt nichts unbedachtsam.
– Ich höre kommen, geht.
M o r t i m e r.   Maria hofft!   1940
Kehr ich mit leerem Trost zu ihr zurück?
L e i c e s t e r.
Bringt ihr die Schwüre meiner ew'gen Liebe!
M o r t i m e r.
Bringt ihr die selbst! Zum Werkzeug ihrer Rettung
Bot ich mich an, nicht Euch zum Liebesboten!
(Er geht ab.)

NEUNTER AUFTRITT

Elisabeth. Leicester.

E l i s a b e t h.
  Wer ging da von Euch weg? Ich hörte sprechen.
L e i c e s t e r *(sich auf ihre Rede schnell und erschrocken*
  umwendend).
  Es war Sir Mortimer.
E l i s a b e t h.   Was ist Euch, Lord?
  So ganz betreten?
L e i c e s t e r *(faßt sich).*
              – Über deinen Anblick!
  Ich habe dich so reizend nie gesehn,   ·
  Geblendet steh ich da von deiner Schönheit.
  – Ach!
E l i s a b e t h.
      Warum seufzt Ihr?
L e i c e s t e r.   Hab ich keinen Grund,   1950
  Zu seufzen? Da ich deinen Reiz betrachte,
  Erneut sich mir der namenlose Schmerz
  Des drohenden Verlustes.
E l i s a b e t h.   Was verliert Ihr?
L e i c e s t e r.
  Dein Herz, dein liebenswürdig Selbst verlier ich.
  Bald wirst du in den jugendlichen Armen
  Des feurigen Gemahls dich glücklich fühlen,
  Und ungeteilt wird er dein Herz besitzen.
  Er ist von königlichem Blut, das bin
  Ich nicht, doch Trotz sei aller Welt geboten,
  Ob einer lebt auf diesem Erdenrund,   1960
  Der mehr Anbetung für dich fühlt als ich.
  Der Duc von Anjou hat dich nie gesehn,
  Nur deinen Ruhm und Schimmer kann er lieben.
  Ich liebe *dich.* Wärst du die ärmste Hirtin,
  Ich als der größte Fürst der Welt geboren,
  Zu deinem Stand würd' ich heruntersteigen,
  Mein Diadem zu deinen Füßen legen.
E l i s a b e t h.
  Beklag mich, Dudley, schilt mich nicht – Ich darf ja
  Mein Herz nicht fragen. Ach! das hätte anders

Gewählt. Und wie beneid ich andre Weiber, 1970
Die das erhöhen dürfen, was sie lieben.
So glücklich bin *ich* nicht, daß ich dem Manne,
Der mir vor allen teuer ist, die Krone
Aufsetzen kann! – Der Stuart ward's vergönnt,
Die Hand nach ihrer Neigung zu verschenken;
Die hat sich jegliches erlaubt, *sie* hat
Den vollen Kelch der Freuden ausgetrunken.
Leicester.
Jetzt trinkt sie auch den bittern Kelch des Leidens.
Elisabeth.
Sie hat der Menschen Urteil nichts geachtet.
Leicht wurd' es ihr, zu leben, nimmer lud sie 1980
Das Joch sich auf, dem *ich* mich unterwarf.
Hätt' ich doch auch Ansprüche machen können,
Des Lebens mich, der Erde Lust zu freun,
Doch zog ich strenge Königspflichten vor.
Und doch gewann sie aller Männer Gunst,
Weil sie sich nur befliß, ein Weib zu sein,
Und um sie buhlt die Jugend und das Alter.
So sind die Männer. Lüstlinge sind alle!
Dem Leichtsinn eilen sie, der Freude zu
Und schätzen nichts, was sie verehren müssen. 1990
Verjüngte sich nicht dieser Talbot selbst,
Als er auf ihren Reiz zu reden kam!
Leicester. Vergib es ihm. Er war ihr Wächter einst,
Die List'ge hat mit Schmeicheln ihn betört.
Elisabeth.
Und ist's denn wirklich wahr, daß sie so schön ist?
So oft mußt' ich die Larve rühmen hören,
Wohl möcht' ich wissen, was zu glauben ist.
Gemälde schmeicheln, Schilderungen lügen,
Nur meinen eignen Augen würd' ich traun.
– Was schaut Ihr mich so seltsam an?
Leicester.   Ich stellte 2000
Dich in Gedanken neben die Maria.
– Die Freude wünscht' ich mir, ich berg es nicht,
Wenn es ganz in geheim geschehen könnte,
Der Stuart gegenüber dich zu sehn!
Dann solltest du erst deines ganzen Siegs

Genießen! Die Beschämung gönnt' ich ihr,
Daß sie mit eignen Augen – denn der Neid
Hat scharfe Augen – überzeugt sich sähe,
Wie sehr sie auch an Adel der Gestalt
Von dir besiegt wird, der sie so unendlich   2010
In jeder andern würd'gen Tugend weicht.

E l i s a b e t h. Sie ist die Jüngere an Jahren.

L e i c e s t e r.   Jünger!
Man sieht's ihr nicht an. Freilich ihre Leiden!
Sie mag wohl vor der Zeit gealtert haben.
Ja, und was ihre Kränkung bittrer machte,
Das wäre, dich als Braut zu sehn! Sie hat
Des Lebens schöne Hoffnung hinter sich –
Dich sähe sie dem Glück entgegenschreiten
Und als die Braut des Königssohns von Frankreich,
Da sie sich stets so viel gewußt, so stolz   2020
Getan mit der französischen Vermählung,
Noch jetzt auf Frankreichs mächt'ge Hilfe pocht!

E l i s a b e t h *(nachlässig hinwerfend).*
Man peinigt mich ja, sie zu sehn.

L e i c e s t e r *(lebhaft).*   Sie fordert's
Als eine Gunst, gewähr es ihr als Strafe!
Du kannst sie auf das Blutgerüste führen,
Es wird sie minder peinigen, als sich
Von deinen Reizen ausgelöscht zu sehn.
Dadurch ermordest du sie, wie sie dich
Ermorden wollte – Wenn sie deine Schönheit
Erblickt, durch Ehrbarkeit bewacht, in Glorie   2030
Gestellt durch einen unbefleckten Tugendruf,
Den *sie,* leichtsinnig buhlend, von sich warf,
Erhoben durch der Krone Glanz und jetzt
Durch zarte Bräutlichkeit geschmückt – dann hat
Die Stunde der Vernichtung ihr geschlagen.
Ja – wenn ich jetzt die Augen auf dich werfe –
Nie warst du, nie zu einem Sieg der Schönheit
Gerüsteter als eben jetzt – Mich selbst
Hast du umstrahlt wie eine Lichterscheinung,
Als du vorhin ins Zimmer tratest – Wie?   2040
Wenn du gleich jetzt, jetzt wie du bist, hinträtest
Vor sie, du findest keine schönre Stunde –

Elisabeth.
   Jetzt – Nein – Nein – Jetzt nicht, Leicester – Nein, das
                             muß ich
   Erst wohl bedenken – mich mit Burleigh –
Leicester *(lebhaft einfallend).*   Burleigh!
   Der denkt allein auf deinen Staatsvorteil;
   Auch deine Weiblichkeit hat ihre Rechte,
   Der zarte Punkt gehört vor *dein* Gericht,
   Nicht vor des Staatsmanns – ja auch Staatskunst will es,
   Daß du sie siehst, die öffentliche Meinung
   Durch eine Tat der Großmut dir gewinnest!   2050
   Magst du nachher dich der verhaßten Feindin,
   Auf welche Weise dir's gefällt, entladen.
Elisabeth.
   Nicht wohlanständig wär' mir's, die Verwandte
   Im Mangel und in Schmach zu sehn. Man sagt,
   Daß sie nicht königlich umgeben sei –
   Vorwerfend wär' mir ihres Mangels Anblick.
Leicester.
   Nicht ihrer Schwelle brauchst du dich zu nahn.
   Hör meinen Rat. Der Zufall hat es eben
   Nach Wunsch gefügt. Heut ist das große Jagen,
   An Fotheringhay führt der Weg vorbei,   2060
   Dort kann die Stuart sich im Park ergehn,
   Du kommst ganz wie von ohngefähr dahin,
   Es darf nichts als vorherbedacht erscheinen,
   Und wenn es dir zuwider, redest du
   Sie gar nicht an –
Elisabeth.   Begeh ich eine Torheit,
   So ist es Eure, Leicester, nicht die meine.
   Ich will Euch heute keinen Wunsch versagen,
   Weil ich von meinen Untertanen allen
   Euch heut am wehesten getan. *(Ihn zärtlich ansehend.)*
   Sei's eine Grille nur von Euch. Dadurch   2070
   Gibt Neigung sich ja kund, daß sie bewilligt
   Aus freier Gunst, was sie auch nicht gebilligt.
   (Leicester stürzt zu ihren Füßen, der Vorhang fällt.)

DRITTER AUFZUG

Gegend in einem Park. Vorn mit Bäumen besetzt, hinten
eine weite Aussicht.

ERSTER AUFTRITT

Maria tritt in schnellem Lauf hinter Bäumen hervor.
Hanna Kennedy folgt langsam.

Kennedy. Ihr eilet ja, als wenn Ihr Flügel hättet,
  So kann ich Euch nicht folgen, wartet doch!
Maria. Laß mich der neuen Freiheit genießen,
  Laß mich ein Kind sein, sei es mit!
  Und auf dem grünen Teppich der Wiesen
  Prüfen den leichten, geflügelten Schritt.
  Bin ich dem finstern Gefängnis entstiegen,
  Hält sie mich nicht mehr, die traurige Gruft?   2080
  Laß mich in vollen, in durstigen Zügen
  Trinken die freie, die himmlische Luft.
Kennedy.
  O meine teure Lady! Euer Kerker
  Ist nur um ein klein weniges erweitert.
  Ihr seht nur nicht die Mauer, die uns einschließt,
  Weil sie der Bäume dicht Gesträuch versteckt.
Maria.
  O Dank, Dank diesen freundlich grünen Bäumen,
  Die meines Kerkers Mauern mir verstecken!
  Ich will mich frei und glücklich träumen,
  Warum aus meinem süßen Wahn mich wecken?   2090
  Umfängt mich nicht der weite Himmelsschoß?
  Die Blicke, frei und fessellos,
  Ergehen sich in ungemeßnen Räumen.
  Dort, wo die grauen Nebelberge ragen,
  Fängt meines Reiches Grenze an,
  Und diese Wolken, die nach Mittag jagen,
  Sie suchen Frankreichs fernen Ozean.

Eilende Wolken! Segler der Lüfte!
Wer mit euch wanderte, mit euch schiffte!
Grüßet mir freundlich mein Jugendland! 2100
Ich bin gefangen, ich bin in Banden,
Ach, ich hab keinen andern Gesandten!
Frei in Lüften ist eure Bahn,
Ihr seid nicht dieser Königin untertan.

Kennedy. Ach, teure Lady! Ihr seid außer Euch,
Die langentbehrte Freiheit macht Euch schwärmen.

Maria. Dort legt ein Fischer den Nachen an!
Dieses elende Werkzeug könnte mich retten,
Brächte mich schnell zu befreundeten Städten.
Spärlich nährt es den dürftigen Mann. 2110
Beladen wollt' ich ihn reich mit Schätzen,
Einen Zug sollt' er tun, wie er keinen getan,
Das Glück sollt' er finden in seinen Netzen,
Nähm' er mich ein in den rettenden Kahn.

Kennedy. Verlorne Wünsche! Seht Ihr nicht, daß uns
Von ferne dort die Spähertritte folgen?
Ein finster grausames Verbot scheucht jedes
Mitleidige Geschöpf aus unserm Wege.

Maria. Nein, gute Hanna. Glaub mir, nicht umsonst
Ist meines Kerkers Tor geöffnet worden. 2120
Die kleine Gunst ist mir des größern Glücks
Verkünderin. Ich irre nicht. Es ist
Der Liebe tät'ge Hand, der ich sie danke.
Lord Leicesters mächt'gen Arm erkenn ich drin.
Allmählich will man mein Gefängnis weiten,
Durch Kleineres zum Größern mich gewöhnen,
Bis ich das Antlitz dessen endlich schaue,
Der mir die Bande löst auf immerdar.

Kennedy.
Ach, ich kann diesen Widerspruch nicht reimen!
Noch gestern kündigt man den Tod Euch an, 2130
Und heute wird Euch plötzlich solche Freiheit.
Auch denen, hört' ich sagen, wird die Kette
Gelöst, auf die die ew'ge Freiheit wartet.

Maria. Hörst du das Hifthorn? Hörst du's klingen,
Mächtigen Rufes, durch Feld und Hain?
Ach, auf das mutige Roß mich zu schwingen,

An den fröhlichen Zug mich zu reihn!
Noch mehr! O die bekannte Stimme,
Schmerzlich süßer Erinnerung voll.
Oft vernahm sie mein Ohr mit Freuden,   2140
Auf des Hochlands bergichten Heiden,
Wenn die tobende Jagd erscholl.

ZWEITER AUFTRITT

Paulet. Die Vorigen.

Paulet.
   Nun! Hab ich's endlich recht gemacht, Mylady?
   Verdien ich einmal Euern Dank?
Maria.   Wie, Ritter?
   Seid Ihr's, der diese Gunst mir ausgewirkt?
   Ihr seid's?
Paulet.   Warum soll ich's nicht sein? Ich war
   Am Hof, ich überbrachte Euer Schreiben –
Maria. Ihr übergabt es? Wirklich, tatet Ihr's?
   Und diese Freiheit, die ich jetzt genieße,
   Ist eine Frucht des Briefs –
Paulet *(mit Bedeutung)*. Und nicht die einz'ge!   2150
   Macht Euch auf eine größre noch gefaßt.
Maria.
   Auf eine größre, Sir? Was meint Ihr damit?
Paulet.
   Ihr hörtet doch die Hörner –
Maria *(zurückfahrend, mit Ahnung)*.
                          Ihr erschreckt mich!
Paulet. Die Königin jagt in dieser Gegend.
Maria.   Was?
Paulet. In wenig Augenblicken steht sie vor Euch.
Kennedy *(auf Maria zueilend, welche zittert und hin-
   zusinken droht)*.
   Wie wird Euch, teure Lady! Ihr verblaßt.
Paulet.
   Nun? Ist's nun nicht recht? War's nicht Eure Bitte?
   Sie wird Euch früher gewährt, als Ihr gedacht.
   Ihr wart sonst immer so geschwinder Zunge,

Jetzt bringet Eure Worte an, jetzt ist   2160
Der Augenblick, zu reden!
M a r i a. O warum hat man mich nicht vorbereitet!
Jetzt bin ich nicht darauf gefaßt, jetzt nicht.
Was ich mir als die höchste Gunst erbeten,
Dünkt mir jetzt schrecklich, fürchterlich – Komm,
                                        Hanna,
Führ mich ins Haus, daß ich mich fasse, mich
Erhole –
P a u l e t.   Bleibt. Ihr müßt sie hier erwarten.
Wohl, wohl mag's Euch beängstigen, ich glaub's,
Vor Eurem Richter zu erscheinen.

DRITTER AUFTRITT

Graf Shrewsbury zu den Vorigen.

M a r i a. Es ist nicht darum! Gott, mir ist ganz anders
Zumut' – Ach edler Shrewsbury! Ihr kommt,   2171
Vom Himmel mir ein Engel zugesendet!
– Ich kann sie nicht sehn! Rettet, rettet mich
Von dem verhaßten Anblick –
S h r e w s b u r y.
Kommt zu Euch, Königin! Faßt Euren Mut
Zusammen. Das ist die entscheidungsvolle Stunde.
M a r i a. Ich habe drauf geharret – jahrelang
Mich drauf bereitet, alles hab ich mir
Gesagt und ins Gedächtnis eingeschrieben,
Wie ich sie rühren wollte und bewegen!   2180
Vergessen plötzlich, ausgelöscht ist alles,
Nichts lebt in mir in diesem Augenblick
Als meiner Leiden brennendes Gefühl.
In blut'gen Haß gewendet wider sie
Ist mir das Herz, es fliehen alle guten
Gedanken, und die Schlangenhaare schüttelnd
Umstehen mich die finstern Höllengeister.
S h r e w s b u r y. Gebietet Eurem wild empörten Blut,
Bezwingt des Herzens Bitterkeit! Es bringt
Nicht gute Frucht, wenn Haß dem Haß begegnet.   2190
Wie sehr auch Euer Innres widerstrebe,

Gehorcht der Zeit und dem Gesetz der Stunde!
Sie ist die Mächtige – demütigt Euch!

Maria.
Vor ihr! Ich kann es nimmermehr.

Shrewsbury.   Tut's dennoch!
Sprecht ehrerbietig, mit Gelassenheit!
Ruft ihre Großmut an, trotzt nicht, jetzt nicht
Auf Euer Recht, jetzo ist nicht die Stunde.

Maria. Ach mein Verderben hab ich mir erfleht,
Und mir zum Fluche wird mein Flehn erhört!
Nie hätten wir uns sehen sollen, niemals!   2200
Daraus kann nimmer, nimmer Gutes kommen!
Eh' mögen Feu'r und Wasser sich in Liebe
Begegnen und das Lamm den Tiger küssen –
Ich bin zu schwer verletzt – sie hat zu schwer
Beleidigt – Nie ist zwischen uns Versöhnung!

Shrewsbury. Seht sie nur erst von Angesicht!
Ich sah es ja, wie sie von Eurem Brief
Erschüttert war, ihr Auge schwamm in Tränen.
Nein, sie ist nicht gefühllos, hegt Ihr selbst
Nur besseres Vertrauen – Darum eben   2210
Bin ich vorausgeeilt, damit ich Euch
In Fassung setzen und ermahnen möchte.

Maria *(seine Hand ergreifend)*.
Ach Talbot! Ihr wart stets mein Freund – daß ich
In Eurer milden Haft geblieben wäre!
Es ward mir hart begegnet, Shrewsbury!

Shrewsbury.
Vergeßt jetzt alles. Darauf denkt allein,
Wie Ihr sie unterwürfig wollt empfangen.

Maria. Ist Burleigh auch mit ihr, mein böser Engel?

Shrewsbury.
Niemand begleitet sie als Graf von Leicester.

Maria.
Lord Leicester!

Shrewsbury.   Fürchtet nichts von ihm. Nicht er   2220
Will Euren Untergang – Sein Werk ist es,
Daß Euch die Königin die Zusammenkunft
Bewilligt.

Maria.   Ach! Ich wußt' es wohl!

S h r e w s b u r y.   **Was sagt Ihr?**
P a u l e t. Die Königin kommt!
(Alles weicht auf die Seite; nur Maria bleibt, auf die
Kennedy gelehnt.)

VIERTER AUFTRITT

Die Vorigen. Elisabeth. Graf Leicester. Gefolge.

E l i s a b e t h *(zu Leicester).*
　Wie heißt der Landsitz?
L e i c e s t e r.   Fotheringhayschloß.
E l i s a b e t h *(zu Shrewsbury).*
　Schickt unser Jagdgefolg' voraus nach London,
　Das Volk drängt allzuheftig in den Straßen,
　Wir suchen Schutz in diesem stillen Park.
(Talbot entfernt das Gefolge. Sie fixiert mit den Augen
　die Maria, indem sie zu Paulet weiterspricht.)
　Mein gutes Volk liebt mich zu sehr. Unmäßig,
　Abgöttisch sind die Zeichen seiner Freude,   2230
　So ehrt man einen Gott, nicht einen Menschen.
M a r i a *(welche diese Zeit über halb ohnmächtig auf die*
　Amme gelehnt war, erhebt sich jetzt, und ihr Auge be-
　gegnet dem gespannten Blick der Elisabeth. Sie schau-
　dert zusammen und wirft sich wieder an der Amme
　Brust). O Gott, aus diesen Zügen spricht kein Herz!
E l i s a b e t h. Wer ist die Lady.
　　　　　(Ein allgemeines Schweigen.)
L e i c e s t e r. – Du bist zu Fotheringhay, Königin.
E l i s a b e t h *(stellt sich überrascht und erstaunt, einen*
　finstern Blick auf Leicestern richtend).
　Wer hat mir das getan? Lord Leicester!
L e i c e s t e r.
　Es ist geschehen, Königin – Und nun
　Der Himmel deinen Schritt hiehergelenkt,
　So laß die Großmut und das Mitleid siegen.
S h r e w s b u r y.
　Laß dich erbitten, königliche Frau,
　Dein Aug' auf die Unglückliche zu richten,   2240
　Die hier vergeht vor deinem Anblick.

(Maria rafft sich zusammen und will auf die Elisabeth
zugehen, steht aber auf halbem Weg schaudernd still, ihre
Gebärden drücken den heftigsten Kampf aus.)

Elisabeth.   Wie, Mylords?
> Wer war es denn, der eine Tiefgebeugte
> Mir angekündigt? Eine Stolze find ich,
> Vom Unglück keineswegs geschmeidigt.

Maria.   Sei's!
> Ich will mich auch noch diesem unterwerfen.
> Fahr hin, ohnmächt'ger Stolz der edeln Seele!
> Ich will vergessen, wer ich bin, und was
> Ich litt; ich will vor ihr mich niederwerfen,
> Die mich in diese Schmach herunterstieß.
> *(Sie wendet sich gegen die Königin.)*
> Der Himmel hat für Euch entschieden, Schwester!   2250
> Gekrönt vom Sieg ist Euer glücklich Haupt,
> Die *Gottheit* bet ich an, die Euch erhöhte!
> *(Sie fällt vor ihr nieder.)*
> Doch seid auch *Ihr* nun edelmütig, Schwester!
> Laßt mich nicht schmachvoll liegen, Eure Hand
> Streckt aus, reicht mir die königliche Rechte,
> Mich zu erheben von dem tiefen Fall.

Elisabeth *(zurücktretend)*.
> Ihr seid an Eurem Platz, Lady Maria!
> Und dankend preis ich meines Gottes Gnade,
> Der nicht gewollt, daß ich zu Euren Füßen
> So liegen sollte, wie Ihr jetzt zu meinen.   2260

Maria *(mit steigendem Affekt).*
> Denkt an den Wechsel alles Menschlichen!
> Es leben Götter, die den Hochmut rächen!
> Verehret, fürchtet sie, die schrecklichen,
> Die mich zu Euren Füßen niederstürzen –
> Um dieser fremden Zeugen willen, ehrt
> In mir Euch selbst, entweiht, schändet nicht
> Das Blut der Tudor, das in meinen Adern
> Wie in den Euren fließt – O Gott im Himmel!
> Steht nicht da, schroff und unzugänglich, wie
> Die Felsenklippe, die der Strandende   2270
> Vergeblich ringend zu erfassen strebt.
> Mein Alles hängt, mein Leben, mein Geschick

An meiner Worte, meiner Tränen Kraft:
Löst *mir* das Herz, daß ich das Eure rühre!
Wenn Ihr mich anschaut mit dem Eisesblick,
Schließt sich das Herz mir schaudernd zu, der Strom
Der Tränen stockt, und kaltes Grausen fesselt
Die Flehensworte mir im Busen an.

E l i s a b e t h *(kalt und streng).*

Was habt Ihr mir zu sagen, Lady Stuart?
Ihr habt mich sprechen wollen. Ich vergesse   2280
Die Königin, die schwer beleidigte,
Die fromme Pflicht der Schwester zu erfüllen,
Und meines Anblicks Trost gewähr ich Euch.
Dem Trieb der Großmut folg ich, setze mich
Gerechtem Tadel aus, daß ich so weit
Heruntersteige – denn Ihr wißt,
Daß Ihr mich habt ermorden lassen wollen.

M a r i a.

Womit soll ich den Anfang machen, wie
Die Worte klüglich stellen, daß sie Euch
Das Herz ergreifen, aber nicht verletzen!   2290
O Gott, gib meiner Rede Kraft und nimm
Ihr jeden Stachel, der verwunden könnte!
Kann ich doch für mich selbst nicht sprechen, ohne Euch
Schwer zu verklagen, und das will ich nicht.
– Ihr habt an mir gehandelt, wie nicht recht ist,
Denn ich bin eine Königin wie Ihr,
Und Ihr habt als Gefangne mich gehalten;
Ich kam zu Euch als eine Bittende,
Und Ihr, des Gastrechts heilige Gesetze,
Der Völker heilig Recht in mir verhöhnend,   2300
Schloßt mich in Kerkermauern ein, die Freunde,
Die Diener werden grausam mir entrissen,
Unwürd'gem Mangel werd ich preisgegeben,
Man stellt mich vor ein schimpfliches Gericht –
Nichts mehr davon! Ein ewiges Vergessen
Bedecke, was ich Grausames erlitt.
– Seht! Ich will alles eine Schickung nennen:
Ihr seid nicht schuldig, *ich* bin auch nicht schuldig,
Ein böser Geist stieg aus dem Abgrund auf,
Den Haß in unsern Herzen zu entzünden,   2310

Der unsre zarte Jugend schon entzweit.
Er wuchs mit uns, und böse Menschen fachten
Der unglücksel'gen Flamme Atem zu.
Wahnsinn'ge Eiferer bewaffneten
Mit Schwert und Dolch die unberufne Hand –
Das ist das Fluchgeschick der Könige,
Daß sie, entzweit, die Welt in Haß zerreißen
Und jeder Zwietracht Furien entfesseln.
– Jetzt ist kein fremder Mund mehr zwischen uns,
(nähert sich ihr zutraulich und mit schmeichelndem
Ton) Wir stehn einander selbst nun gegenüber.   2320
Jetzt, Schwester, redet! Nennt mir meine Schuld,
Ich will Euch völliges Genügen leisten.
Ach, daß Ihr damals mir Gehör geschenkt,
Als ich so dringend Euer Auge suchte!
Es wäre nie so weit gekommen, nicht
An diesem traur'gen Ort geschähe jetzt
Die unglückselig traurige Begegnung.
E l i s a b e t h. Mein guter Stern bewahrte mich davor,
Die Natter an den Busen mir zu legen.
– Nicht das Geschicke, Euer schwarzes Herz   2330
Klagt an, die wilde Ehrsucht Eures Hauses.
Nichts Feindliches war zwischen uns geschehn,
Da kündigte mir Euer Ohm, der stolze,
Herrschwüt'ge Priester, der die freche Hand
Nach allen Kronen streckt, die Fehde an,
Betörte Euch, mein Wappen anzunehmen,
Euch meine Königstitel zuzueignen,
Auf Tod und Leben in den Kampf mit mir
Zu gehn – Wen rief er gegen mich nicht auf?
Der Priester Zungen und der Völker Schwert,   2340
Des frommen Wahnsinns fürchterliche Waffen;
Hier selbst, im Friedenssitze meines Reichs,
Blies er mir der Empörung Flammen an –
Doch Gott ist mit mir, und der stolze Priester
Behält das Feld nicht – Meinem Haupte war
Der Streich gedrohet, und das Eure fällt!
M a r i a. Ich steh in Gottes Hand. Ihr werdet Euch
So blutig Eurer Macht nicht überheben –
E l i s a b e t h. Wer soll mich hindern? Euer Oheim gab

Das Beispiel allen Königen der Welt, 2350
Wie man mit seinen Feinden Frieden macht:
Die Sankt Barthelemi sei meine Schule!
Was ist mir Blutsverwandtschaft, Völkerrecht?
Die Kirche trennet aller Pflichten Band,
Den Treubruch heiligt sie, den Königsmord,
Ich übe nur, was Eure Priester lehren.
Sagt! Welches Pfand gewährte mir für Euch,
Wenn ich großmütig Eure Bande löste?
Mit welchem Schloß verwahr ich Eure Treue,
Das nicht Sankt Peters Schlüssel öffnen kann? 2360
Gewalt nur ist die einz'ge Sicherheit,
Kein Bündnis ist mit dem Gezücht der Schlangen.

M a r i a. Oh, das ist Euer traurig finstrer Argwohn!
Ihr habt mich stets als eine Feindin nur
Und Fremdlingin betrachtet. Hättet Ihr
Zu Eurer Erbin mich erklärt, wie mir
Gebührt, so hätten Dankbarkeit und Liebe
Euch eine treue Freundin und Verwandte
In mir erhalten.

E l i s a b e t h.   Draußen, Lady Stuart,
Ist Eure Freundschaft, Euer Haus das Papsttum, 2370
Der Mönch ist Euer Bruder – Euch! zur Erbin
Erklären! Der verräterische Fallstrick!
Daß Ihr bei meinem Leben noch mein Volk
Verführtet, eine listige Armida,
Die edle Jugend meines Königreichs
In Eurem Buhlernetze schlau verstricket –
Daß alles sich der neu aufgehnden Sonne
Zuwendete, und ich –

M a r i a.   Regiert in Frieden!   *Ich geb auf*
Jedwedem Anspruch auf dies Reich entsag ich.
Ach, meines Geistes Schwingen sind gelähmt, 2380
Nicht Größe lockt mich mehr – Ihr habt's erreicht,
Ich bin nur noch der Schatten der Maria.
Gebrochen ist in langer Kerkerschmach
Der edle Mut – Ihr habt das Äußerste an mir
Getan, habt mich zerstört in meiner Blüte!
– Jetzt macht ein Ende, Schwester. Sprecht es aus,
Das Wort, um dessentwillen Ihr gekommen,

Denn nimmer will ich glauben, daß Ihr kamt,
Um Euer Opfer grausam zu verhöhnen.
Sprecht dieses Wort aus. Sagt mir: »Ihr seid frei, 2390
Maria! Meine Macht habt Ihr gefühlt,
Jetzt lernet meinen Edelmut verehren.«
Sagt's, und ich will mein Leben, meine Freiheit
Als ein Geschenk aus Eurer Hand empfangen.
– Ein Wort macht alles ungeschehn. Ich warte
Darauf. O laßt mich's nicht zu lang erharren!
Weh Euch, wenn Ihr mit diesem Wort nicht endet!
Denn wenn Ihr jetzt nicht segenbringend, herrlich,
Wie eine Gottheit von mir scheidet – Schwester!
Nicht um dies ganze reiche Eiland, nicht   2400
Um alle Länder, die das Meer umfaßt,
Möcht' ich vor Euch so stehn, wie Ihr vor mir!

E l i s a b e t h. Bekennt Ihr endlich Euch für überwunden?
Ist's aus mit Euren Ränken? Ist kein Mörder
Mehr unterweges? Will kein Abenteurer
Für Euch die traur'ge Ritterschaft mehr wagen?
– Ja, es ist aus, Lady Maria. Ihr verführt
Mir keinen mehr. Die Welt hat andre Sorgen.
Es lüstet keinen, Euer – vierter Mann
Zu werden, denn Ihr tötet Eure Freier,   2410
Wie Eure Männer!

M a r i a *(auffahrend).*   Schwester! Schwester!
O Gott! Gott! Gib mir Mäßigung!

E l i s a b e t h *(sieht sie lange mit einem Blick stolzer
Verachtung an).*
Das also sind die Reizungen, Lord Leicester,
Die ungestraft kein Mann erblickt, daneben
Kein andres Weib sich wagen darf zu stellen!
Fürwahr! *Der* Ruhm war wohlfeil zu erlangen:
Es kostet nichts, die *allgemeine* Schönheit
Zu sein, als die *gemeine* sein für *alle!*

M a r i a. Das ist zuviel!

E l i s a b e t h *(höhnisch lachend).*
                    Jetzt zeigt Ihr Euer wahres
Gesicht, bis jetzt war's nur die Larve.   2420

M a r i a *(von Zorn glühend, doch mit einer edeln Würde).*
Ich habe menschlich, jugendlich gefehlt,

Die Macht verführte mich, ich hab es nicht
Verheimlicht und verborgen, falschen Schein
Hab ich verschmäht mit königlichem Freimut.
Das Ärgste weiß die Welt von mir, und ich
Kann sagen, ich bin besser als mein Ruf.
Weh Euch, wenn sie von Euren Taten einst
Den Ehrenmantel zieht, womit Ihr gleißend
Die wilde Glut verstohlner Lüste deckt.
Nicht Ehrbarkeit habt Ihr von Eurer Mutter   2430
Geerbt: man weiß, um welcher Tugend willen
Anna von Boleyn das Schafott bestiegen.

S h r e w s b u r y *(tritt zwischen beide Königinnen).*
O Gott des Himmels! Muß es dahin kommen!
Ist das die Mäßigung, die Unterwerfung,
Lady Maria?

M a r i a.   Mäßigung! Ich habe
Ertragen, was ein Mensch ertragen kann.
Fahr hin, lammherzige Gelassenheit,
Zum Himmel fliehe, leidende Geduld,
Spreng endlich deine Bande, tritt hervor
Aus deiner Höhle, langverhaltner Groll –   2440
Und *du*, der dem gereizten Basilisk
Den Mordblick gab, leg auf die Zunge mir
Den gift'gen Pfeil –

S h r e w s b u r y.   O sie ist außer sich!
Verzeih der Rasenden, der schwer Gereizten!
*(Elisabeth, für Zorn sprachlos, schießt wütende Blicke auf
Marien.)*

L e i c e s t e r *(in der heftigsten Unruhe, sucht die Elisa-
beth hinwegzuführen).*   Höre
Die Wütende nicht an! Hinweg, hinweg
Von diesem unglücksel'gen Ort!

M a r i a. Der Thron von England ist durch einen Bastard
Entweiht, der Briten edelherzig Volk
Durch eine list'ge Gauklerin betrogen.
– Regierte Recht, so läget *Ihr* vor mir   2450
Im Staube jetzt, denn *ich* bin Euer König.
*(Elisabeth geht schnell ab, die Lords folgen ihr in der
höchsten Bestürzung.)*

FÜNFTER AUFTRITT

Maria. Kennedy.

K e n n e d y. O was habt Ihr getan! Sie geht in Wut!
   Jetzt ist es aus, und alle Hoffnung schwindet.
M a r i a *(noch ganz außer sich).*
   Sie geht in Wut! Sie trägt den Tod im Herzen!
   (Der Kennedy um den Hals fallend.)
   O wie mir wohl ist, Hanna! Endlich, endlich
   Nach Jahren der Erniedrigung, der Leiden,
   Ein Augenblick der Rache, des Triumphs!
   Wie Bergeslasten fällt's von meinem Herzen,
   Das Messer stieß ich in der Feindin Brust.
K e n n e d y.
   Unglückliche! Der Wahnsinn reißt Euch hin,   2460
   Ihr habt die Unversöhnliche verwundet.
   Sie führt den Blitz, sie ist die Königin,
   Vor ihrem Buhlen habt Ihr sie verhöhnt!
M a r i a.
   Vor Leicesters Augen hab ich sie erniedrigt!
   Er sah es, er bezeugte meinen Sieg!
   Wie ich sie niederschlug von ihrer Höhe,
   Er stand dabei, mich stärkte seine Nähe!

SECHSTER AUFTRITT

Mortimer zu den Vorigen.

K e n n e d y. O Sir! Welch ein Erfolg –
M o r t i m e r.   Ich hörte alles.
   *(Gibt der Amme ein Zeichen, sich auf ihren Posten zu
   begeben, und tritt näher. Sein ganzes Wesen drückt
   eine heftige, leidenschaftliche Stimmung aus.)*
   Du hast gesiegt! Du tratst sie in den Staub,
   Du warst die Königin, sie der Verbrecher.   2470
   Ich bin entzückt von deinem Mut, ich bete
   Dich an; wie eine Göttin groß und herrlich
   Erscheinst du mir in diesem Augenblick.
M a r i a. Ihr spracht mit Leicestern, überbrachtet ihm
   Mein Schreiben, mein Geschenk – O redet, Sir!

Mortimer *(mit glühenden Blicken sie betrachtend).*
  Wie dich der edle königliche Zorn
  Umglänzte, deine Reize mir verklärte!
  Du bist das schönste Weib auf dieser Erde!
Maria. Ich bitt Euch, Sir! Stillt meine Ungeduld.
  Was spricht Mylord? O sagt, was darf ich hoffen?   2480
Mortimer. Wer? Er? das ist ein Feiger, Elender!
  Hofft nichts von ihm, verachtet ihn, vergeßt ihn!
Maria. Was sagt Ihr?
Mortimer.   Er Euch retten und besitzen!
  Er Euch! Er soll es wagen! Er! Mit mir
  Muß er auf Tod und Leben darum kämpfen!
Maria. Ihr habt ihm meinen Brief nicht übergeben?
  – O dann ist's aus!
Mortimer.   Der Feige liebt das Leben.
  Wer dich will retten und die Seine nennen,
  Der muß den Tod beherzt umarmen können.
Maria.
  Er will nichts für mich tun!
Mortimer.   Nichts mehr von ihm!   2490
  Was kann *er* tun, und was bedarf man sein?
  Ich will dich retten, ich allein!
Maria.
  Ach, was vermögt Ihr!
Mortimer.   Täuschet Euch nicht mehr,
  Als ob es noch wie gestern mit Euch stünde!
  So wie die Königin jetzt von Euch ging,
  Wie dies Gespräch sich wendete, ist alles
  Verloren, jeder Gnadenweg gesperrt.
  Der *Tat* bedarf's jetzt, *Kühnheit* muß entscheiden,
  Für alles werde alles frisch gewagt –
  Frei müßt Ihr sein, noch eh' der Morgen tagt.   2500
Maria.
  Was sprecht Ihr? diese Nacht! Wie ist das möglich?
Mortimer.
  Hört, was beschlossen ist. Versammelt hab ich
  In heimlicher Kapelle die Gefährten,
  Ein Priester hörte unsre Beichte an,
  Ablaß ist uns erteilt für alle Schulden,
  Die wir begingen, Ablaß im voraus

Für alle, die wir noch begehen werden.
Das letzte Sakrament empfingen wir,
Und fertig sind wir zu der letzten Reise.

M a r i a. O welche fürchterliche Vorbereitung!   2510

M o r t i m e r.
Dies Schloß ersteigen wir in dieser Nacht,
Der Schlüssel bin ich mächtig. Wir ermorden
Die Hüter, reißen dich aus deiner Kammer
Gewaltsam; sterben muß von unsrer Hand,
Daß niemand überbleibe, der den Raub
Verraten könne, jede lebende Seele.

M a r i a. Und Drury, Paulet, meine Kerkermeister?
O der werden sie ihr letztes Blut –

M o r t i m e r. Von meinem Dolche fallen sie zuerst!

M a r i a. Was? Euer Oheim, Euer zweiter Vater?   2520

M o r t i m e r.
Von meinen Händen stirbt er. Ich ermord ihn.

M a r i a. O blut'ger Frevel!

M o r t i m e r.   Alle Frevel sind
Vergeben im voraus. Ich kann das Ärgste
Begehen, und ich *will's.*

M a r i a.   O schrecklich, schrecklich!

M o r t i m e r.
Und müßt' ich auch die Königin durchbohren,
Ich hab es auf die Hostie geschworen.

M a r i a. Nein, Mortimer! Eh' so viel Blut um mich –

M o r t i m e r. Was ist mir alles Leben gegen *dich*
Und meine Liebe! Mag der Welten Band
Sich lösen, eine zweite Wasserflut   2530
Herwogend alles Atmende verschlingen!
– Ich achte nichts mehr! Eh' ich dir entsage,
Eh' nahe sich das Ende aller Tage.

M a r i a *(zurücktretend).*
Gott! Welche Sprache, Sir, und – welche Blicke!
– Sie schrecken, sie verscheuchen mich.

M o r t i m e r *(mit irren Blicken und im Ausdruck des
stillen Wahnsinns).*   Das Leben ist
Nur ein Moment, der Tod ist auch nur einer!
– Man schleife mich nach Tyburn, Glied für Glied
Zerreiße man mit glühnder Eisenzange,

(indem er heftig auf sie zugeht, mit ausgebreiteten
Armen) Wenn ich dich, Heißgeliebte, umfange –
M a r i a *(zurücktretend).*
Unsinniger, zurück –
M o r t i m e r.   An dieser Brust,   2540
Auf diesem Liebe atmenden Munde –
M a r i a. Um Gottes willen, Sir! Laßt mich hineingehn!
M o r t i m e r. Der ist ein Rasender, der nicht das Glück
Festhält in unauflöslicher Umarmung,
Wenn es ein Gott in seine Hand gegeben.
Ich will dich retten, kost' es tausend Leben,
Ich rette dich, ich will es – doch so wahr
Gott lebt! ich schwör's, ich will dich auch besitzen.
M a r i a. O will kein Gott, kein Engel mich beschützen!
Furchtbares Schicksal! Grimmig schleuderst du   2550
Von einem Schrecknis mich dem andern zu.
Bin ich geboren, nur die Wut zu wecken?
Verschwört sich Haß und Liebe, mich zu schrecken?
M o r t i m e r. Ja, glühend, wie sie hassen, lieb ich dich!
Sie wollen dich enthaupten, diesen Hals,
Den blendend weißen, mit dem Beil durchschneiden.
O weihe du dem Lebensgott der Freuden,
Was du dem Hasse blutig opfern mußt.
Mit diesen Reizen, die nicht dein mehr sind,
Beselige den glücklichen Geliebten.   2560
Die schöne Locke, dieses seidne Haar,
Verfallen schon den finstern Todesmächten,
Gebrauch's, den Sklaven ewig zu umflechten!
M a r i a. O welche Sprache muß ich hören! Sir!
Mein Unglück sollt' Euch heilig sein, mein Leiden,
Wenn es mein königliches Haupt nicht ist.
M o r t i m e r. Die Krone ist von deinem Haupt gefallen,
Du hast nichts mehr von ird'scher Majestät –
Versuch es, laß dein Herrscherwort erschallen,
Ob dir ein Freund, ein Retter auferstcht.   2570
Nichts blieb dir als die rührende Gestalt,
Der hohen Schönheit göttliche Gewalt,
Die läßt mich alles wagen und vermögen,
Die treibt dem Beil des Henkers mich entgegen –
M a r i a. O wer errettet mich von seiner Wut!

M o r t i m e r.
   Verwegner Dienst belohnt sich auch verwegen!
   Warum verspritzt der Tapfere sein Blut?
   Ist Leben doch des Lebens höchstes Gut!
   Ein Rasender, der es umsonst verschleudert!
   Erst will ich ruhn an seiner wärmsten Brust –   2580
   (Er preßt sie heftig an sich.)
M a r i a. O muß ich Hilfe rufen gegen den Mann,
   Der mein Erretter –
M o r t i m e r.   Du bist nicht gefühllos,
   Nicht kalter Strenge klagt die Welt dich an,
   Dich kann die heiße Liebesbitte rühren:
   Du hast den Sänger Rizzio beglückt,
   Und jener Bothwell durfte dich entführen.
M a r i a. Vermessener!
M o r t i m e r.   Er war nur dein Tyrann!
   Du zittertest vor ihm, da du ihn liebtest!
   Wenn nur der Schrecken dich gewinnen kann,
   Beim Gott der Hölle! –
M a r i a.   Laßt mich! Raset Ihr?   2590
M o r t i m e r. Erzittern sollst du auch vor mir!
K e n n e d y *(hereinstürzend).*
   Man naht. Man kommt. Bewaffnet Volk erfüllt
   Den ganzen Garten.
M o r t i m e r *(auffahrend und zum Degen greifend).*
                Ich beschütze dich.
M a r i a. O Hanna! Rette mich aus seinen Händen!
   Wo find ich Ärmste einen Zufluchtsort?
   Zu welchem Heiligen soll ich mich wenden?
   Hier ist Gewalt, und drinnen ist der Mord.
     (Sie flieht dem Hause zu, Kennedy folgt.)

SIEBENTER AUFTRITT

Mortimer. Paulet und Drury, welche außer sich herein-
    stürzen. Gefolge eilt über die Szene.

P a u l e t.
   Verschließt die Pforten. Zieht die Brücken auf!
M o r t i m e r. Oheim, was ist's?

Paulet. Wo ist die Mörderin?
  Hinab mit ihr ins finsterste Gefängnis! 2600
Mortimer.
  Was gibt's? Was ist geschehn?
Paulet. Die Königin!
  Verfluchte Hände! Teuflisches Erkühnen!
Mortimer.
  Die Königin! Welche Königin?
Paulet. Von England!
  Sie ist ermordet auf der Londner Straßen!
  (Eilt ins Haus.)

ACHTER AUFTRITT

Mortimer, gleich darauf Okelly.

Mortimer.
  Bin ich im Wahnwitz? Kam nicht eben jemand
  Vorbei und rief, die Königin sei ermordet?
  Nein, nein, mir träumte nur. Ein Fieberwahn
  Bringt mir als wahr und wirklich vor den Sinn,
  Was die Gedanken gräßlich mir erfüllt.
  Wer kommt? Es ist Okell'. So schreckenvoll! 2610
Okelly *(hereinstürzend).*
  Flieht, Mortimer! Flieht. Alles ist verloren.
Mortimer. Was ist verloren?
Okelly. Fragt nicht lange. Denkt
  Auf schnelle Flucht.
Mortimer. Was gibt's denn?
Okelly. Sauvage führte
  Den Streich, der Rasende.
Mortimer. So ist es wahr?
Okelly. Wahr, wahr! O rettet Euch!
Mortimer. Sie ist ermordet,
  Und auf den Thron von England steigt Maria!
Okelly.
  Ermordet! Wer sagt das?
Mortimer. Ihr selbst!
Okelly. Sie lebt!
  Und ich und Ihr, wir alle sind des Todes.

Mortimer.
Sie lebt!
Okelly. Der Stoß ging fehl, der Mantel fing ihn auf
Und Shrewsbury entwaffnete den Mörder.   2620
Mortimer. Sie lebt!
Okelly.   Lebt, um uns alle zu verderben!
Kommt, man umzingelt schon den Park.
Mortimer.   Wer hat
Das Rasende getan?
Okelly.   Der Barnabit
Aus Toulon war's, den Ihr in der Kapelle
Tiefsinnig sitzen saht, als uns der Mönch
Das Anathem ausdeutete, worin
Der Papst die Königin mit dem Fluch belegt.
Das Nächste, Kürzeste wollt' er ergreifen,
Mit einem kecken Streich die Kirche Gottes
Befrein, die Martyrkrone sich erwerben;   2630
Dem Priester nur vertraut' er seine Tat,
Und auf dem Londner Weg ward sie vollbracht.
Mortimer (nach einem langen Stillschweigen).
Oh, dich verfolgt ein grimmig wütend Schicksal,
Unglückliche! Jetzt – ja, jetzt mußt du sterben,
Dein Engel selbst bereitet deinen Fall.
Okelly. Sagt! Wohin wendet Ihr die Flucht? Ich gehe,
Mich in des Nordens Wäldern zu verbergen.
Mortimer. Flieht hin, und Gott geleite Eure Flucht!
Ich bleibe. Noch versuch ich's, sie zu retten,
Wo nicht, auf ihrem Sarge mir zu betten.   2640
        (Gehen ab zu verschiedenen Seiten.)

VIERTER AUFZUG

Vorzimmer.

ERSTER AUFTRITT

Graf Aubespine, Kent und Leicester.

A u b e s p i n e. Wie steht's um Ihro Majestät? Mylords,
Ihr seht mich noch ganz außer mir für Schrecken.
Wie ging das zu? Wie konnte das in Mitte
Des allertreusten Volks geschehen?
L e i c e s t e r.   Es geschah
Durch keinen aus dem Volke. Der es tat,
War Eures Königs Untertan, ein Franke.
A u b e s p i n e. Ein Rasender gewißlich.
K e n t.   Ein Papist,
Graf Aubespine!

ZWEITER AUFTRITT

Vorige. Burleigh im Gespräch mit Davison.

B u r l e i g h.   Sogleich muß der Befehl
Zur Hinrichtung verfaßt und mit dem Siegel
Versehen werden – Wenn er ausgefertigt,   2650
Wird er der Königin zur Unterschrift
Gebracht. Geht! Keine Zeit ist zu verlieren.
D a v i s o n.
Es soll geschehn. *(Geht ab.)*
A u b e s p i n e *(Burleigh entgegen).*
               Mylord, mein treues Herz
Teilt die gerechte Freude dieser Insel.
Lob sei dem Himmel, der den Mörderstreich
Gewehrt von diesem königlichen Haupt!
B u r l e i g h. Er sei gelobt, der unsrer Feinde Bosheit
Zuschanden machte!

A u b e s p i n e.   Mög' ihn Gott verdammen,
Den Täter dieser fluchenswerten Tat!
B u r l e i g h. Den Täter und den schändlichen Erfinder.
A u b e s p i n e *(zu Kent)*.
Gefällt es Eurer Herrlichkeit, Lordmarschall,   2661
Bei Ihro Majestät mich einzuführen,
Daß ich den Glückwunsch meines Herrn und Königs
Zu ihren Füßen schuldigst niederlege –
B u r l e i g h.
Bemüht Euch nicht, Graf Aubespine.
A u b e s p i n e *(offizios)*.   Ich weiß,
Lord Burleigh, was mir obliegt.
B u r l e i g h.   Euch liegt ob,
Die Insel auf das schleunigste zu räumen.
A u b e s p i n e *(tritt erstaunt zurück)*.
Was! Wie ist das?
B u r l e i g h.   Der heilige Charakter
Beschützt Euch heute noch und morgen nicht mehr.
A u b e s p i n e.
Und was ist mein Verbrechen?
B u r l e i g h.   Wenn ich es   2670
Genannt, so ist es nicht mehr zu vergeben.
A u b e s p i n e.
Ich hoffe, Lord, das Recht der Abgesandten –
B u r l e i g h.
Schützt – Reichsverräter nicht.
L e i c e s t e r u n d K e n t.   Ha! Was ist das!
A u b e s p i n e.   Mylord!
Bedenkt Ihr wohl –
B u r l e i g h.   Ein Paß, von Eurer Hand
Geschrieben, fand sich in des Mörders Tasche.
K e n t. Ist's möglich?
A u b e s p i n e.   Viele Pässe teil ich aus,
Ich kann der Menschen Innres nicht erforschen.
B u r l e i g h. In Eurem Hause beichtete der Mörder.
A u b e s p i n e.
Mein Haus ist offen.
B u r l e i g h.   Jedem Feinde Englands.
A u b e s p i n e. Ich fordre Untersuchung.
B u r l e i g h.   Fürchtet sie!

A u b e s p i n e.
   In meinem Haupt ist mein Monarch verletzt, 2681
   Zerreißen wird er das geschloßne Bündnis.
B u r l e i g h. Zerrissen schon hat es die Königin:
   England wird sich mit Frankreich nicht vermählen.
   Mylord von Kent! Ihr übernehmet es,
   Den Grafen sicher an das Meer zu bringen.
   Das aufgebrachte Volk hat sein Hotel
   Gestürmt, wo sich ein ganzes Arsenal
   Von Waffen fand; es droht, ihn zu zerreißen,
   Wie er sich zeigt; verberget ihn, bis sich 2690
   Die Wut gelegt – Ihr haftet für sein Leben!
A u b e s p i n e. Ich gehe, ich verlasse dieses Land,
   Wo man der Völker Recht mit Füßen tritt
   Und mit Verträgen spielt – doch mein Monarch
   Wird blut'ge Rechenschaft –
B u r l e i g h.   Er hole sie!
        (Kent und Aubespine gehen ab.)

DRITTER AUFTRITT

Leicester und Burleigh.

L e i c e s t e r. So löst Ihr selbst das Bündnis wieder auf,
   Das Ihr geschäftig unberufen knüpftet.
   Ihr habt um England wenig Dank verdient,
   Mylord, die Mühe konntet Ihr Euch sparen.
B u r l e i g h.
   Mein Zweck war gut. Gott leitete es anders. 2700
   Wohl dem, der sich nichts Schlimmeres bewußt ist!
L e i c e s t e r. Man kennt Cecils geheimnisreiche Miene,
   Wenn er die Jagd auf Staatsverbrechen macht.
   – Jetzt, Lord, ist eine gute Zeit für Euch.
   Ein ungeheurer Frevel ist geschehn,
   Und noch umhüllt Geheimnis seine Täter.
   Jetzt wird ein Inquisitionsgericht
   Eröffnet. Wort und Blicke werden abgewogen,
   Gedanken selber vor Gericht gestellt.
   Da seid *Ihr* der allwicht'ge Mann, der Atlas 2710
   Des Staats: ganz England liegt auf Euren Schultern.

B u r l e i g h.
  In Euch, Mylord, erkenn ich meinen Meister,
  Denn solchen Sieg, als Eure Rednerkunst
  Erfocht, hat meine nie davongetragen.
L e i c e s t e r. Was meint Ihr damit, Lord?
B u r l e i g h.
  Ihr wart es doch, der hinter meinem Rücken
  Die Königin nach Fotheringhayschloß
  Zu locken wußte?
L e i c e s t e r.   Hinter Eurem Rücken!
  Wann scheuten meine Taten Eure Stirn?
B u r l e i g h. Die Königin hättet *Ihr* nach Fotheringhay
  Geführt? Nicht doch! Ihr habt die *Königin*   2721
  Nicht hingeführt! – Die Königin war es,
  Die so gefällig war, *Euch* hinzuführen.
L e i c e s t e r.
  Was wollt Ihr damit sagen, Lord?
B u r l e i g h.   Die edle
  Person, die Ihr die Königin dort spielen ließt!
  Der herrliche Triumph, den Ihr der arglos
  Vertrauenden bereitet – Güt'ge Fürstin!
  So schamlos frech verspottete man dich,
  So schonungslos wardst du dahingegeben!
  – Das also ist die Großmut und die Milde,   2730
  Die Euch im Staatsrat plötzlich angewandelt!
  Darum ist diese Stuart ein so schwacher,
  Verachtungswerter Feind, daß es der Müh'
  Nicht lohnt, mit ihrem Blut sich zu beflecken!
  Ein feiner Plan! Fein zugespitzt! Nur schade:
  Zu fein geschärfet, daß die Spitze brach!
L e i c e s t e r.
  Nichtswürdiger! Gleich folgt mir! An dem Throne
  Der Königin sollt Ihr mir Rede stehn.
B u r l e i g h.
  Dort trefft Ihr mich – Und sehet zu, Mylord,
  Daß Euch dort die Beredsamkeit nicht fehle!   2740
  (Geht ab.)

VIERTER AUFTRITT

Leicester allein, darauf Mortimer.

L e i c e s t e r.
Ich bin entdeckt, ich bin durchschaut – Wie kam
Der Unglückselige auf meine Spuren!
Weh mir, wenn er Beweise hat! Erfährt
Die Königin, daß zwischen mir und der Maria
Verständnisse gewesen – Gott! Wie schuldig
Steh ich vor ihr! Wie hinterlistig treulos
Erscheint mein Rat, mein unglückseliges
Bemühn, nach Fotheringhay sie zu führen!
Grausam verspottet sieht sie sich von mir,
An die verhaßte Feindin sich verraten!   2750
O nimmer, nimmer kann sie das verzeihn!
Vorherbedacht wird alles nun erscheinen,
Auch diese bittre Wendung des Gesprächs,
Der Gegnerin Triumph und Hohngelächter,
Ja selbst die Mörderhand, die blutig schrecklich,
Ein unerwartet ungeheures Schicksal,
Dazwischenkam, werd *ich* bewaffnet haben!
Nicht Rettung seh ich, nirgends! Ha! Wer kommt!
M o r t i m e r *(kommt in der heftigsten Unruhe und
blickt scheu umher).*
Graf Leicester! Seid Ihr's? Sind wir ohne Zeugen? 2759
L e i c e s t e r. Unglücklicher, hinweg! Was sucht Ihr hier?
M o r t i m e r. Man ist auf unsrer Spur, auf Eurer auch,
Nehmt Euch in acht!
L e i c e s t e r.   Hinweg, hinweg!
M o r t i m e r.   Man weiß,
Daß bei dem Grafen Aubespine geheime
Versammlung war –
L e i c e s t e r.
Was kümmert's mich!
M o r t i m e r.   Daß sich der Mörder
Dabei befunden –
L e i c e s t e r.   Das ist Eure Sache!
Verwegener! Was unterfangt Ihr Euch,
In Euren blut'gen Frevel *mich* zu flechten?
Verteidigt Eure bösen Händel selbst!

M o r t i m e r.
  So hört mich doch nur an.
L e i c e s t e r *(in heftigem Zorn).*   Geht in die Hölle!
  Was hängt Ihr Euch, gleich einem bösen Geist,   2771
  An meine Fersen! Fort! Ich kenn Euch nicht,
  Ich habe nichts gemein mit Meuchelmördern.
M o r t i m e r.
  Ihr wollt nicht hören. Euch zu warnen komm ich,
  Auch Eure Schritte sind verraten –
L e i c e s t e r.   Ha!
M o r t i m e r.
  Der Großschatzmeister war zu Fotheringhay,
  Sogleich nachdem die Unglückstat geschehn war,
  Der Königin Zimmer wurden streng durchsucht,
  Da fand sich –
L e i c e s t e r.   Was?
M o r t i m e r.   Ein angefangner Brief
  Der Königin an Euch –
L e i c e s t e r.   Die Unglücksel'ge!   2780
M o r t i m e r.
  Worin sie Euch auffordert, Wort zu halten,
  Euch das Versprechen ihrer Hand erneuert,
  Des Bildnisses gedenkt –
L e i c e s t e r.   Tod und Verdammnis!
M o r t i m e r. Lord Burleigh hat den Brief.
L e i c e s t e r.   Ich bin verloren!
  (Er geht während der folgenden Rede Mortimers ver-
  zweiflungsvoll auf und nieder.)
M o r t i m e r.
  Ergreift den Augenblick! Kommt ihm zuvor!
  Errettet *Euch,* errettet *sie* – Schwört Euch
  Heraus, ersinnt Entschuldigungen, wendet
  Das Ärgste ab! Ich selbst kann nichts mehr tun.
  Zerstreut sind die Gefährten, auseinander
  Gesprengt ist unser ganzer Bund. Ich eile   2790
  Nach Schottland, neue Freunde dort zu sammeln.
  An Euch ist's jetzt: versucht, was Euer Ansehn,
  Was eine kecke Stirn vermag!
L e i c e s t e r *(steht still, plötzlich besonnen).*
                              Das will ich.

(Er geht nach der Türe, öffnet sie und ruft.)
He da! Trabanten!
(Zu dem Offizier, der mit Bewaffneten hereintritt.)
Diesen Staatsverräter
Nehmt in Verwahrung und bewacht ihn wohl!
Die schändlichste Verschwörung ist entdeckt,
Ich bringe selbst der Königin die Botschaft. *(Er geht ab.)*
M o r t i m e r *(steht anfangs starr für Erstaunen, faßt
sich aber bald und sieht Leicestern mit einem Blick der
tiefsten Verachtung nach).*
Ha, Schändlicher – Doch ich verdiene das!
Wer hieß mich auch dem Elenden vertrauen?
Weg über meinen Nacken schreitet er,   2800
Mein Fall muß ihm die Rettungsbrücke bauen.
– So rette dich! Verschlossen bleibt mein Mund,
Ich will dich nicht in mein Verderben flechten.
Auch nicht im Tode mag ich deinen Bund,
Das Leben ist das einz'ge Gut des Schlechten.
*(Zu dem Offizier der Wache, der hervortritt, um ihn
gefangenzunehmen.)*
Was willst du, feiler Sklav' der Tyrannei?
Ich spotte deiner, <u>ich bin frei!</u> *(Einen Dolch ziehend.)*
O f f i z i e r.
Er ist bewehrt – Entreißt ihm seinen Dolch!
(Sie dringen auf ihn ein, er erwehrt sich ihrer.)
M o r t i m e r. Und frei im letzten Augenblicke soll
Mein Herz sich öffnen, meine Zunge lösen!   2810
Fluch und Verderben euch, die ihren Gott
Und ihre wahre Königin verraten!
Die von der irdischen Maria sich
Treulos, wie von der himmlischen, gewendet,
Sich dieser Bastardkönigin verkauft –
O f f i z i e r. Hört ihr die Lästrung! Auf! Ergreifet ihn.
M o r t i m e r. Geliebte! Nicht erretten konnt' ich dich,
So will ich dir ein männlich Beispiel geben.
Maria, heil'ge, bitt für mich
Und nimm mich zu dir in dein himmlisch Leben!   2820
*(Er durchsticht sich mit dem Dolch und fällt der Wache
in die Arme.)*

Zimmer der Königin.

FÜNFTER AUFTRITT

Elisabeth, einen Brief in der Hand. Burleigh.

E l i s a b e t h. Mich hinzuführen! Solchen Spott mit mir
Zu treiben! Der Verräter! Im Triumph
Vor seiner Buhlerin mich aufzuführen!
O so ward noch kein Weib betrogen, Burleigh!
B u r l e i g h. Ich kann es noch nicht fassen, wie es ihm,
Durch welche Macht, durch welche Zauberkünste
Gelang, die Klugheit meiner Königin
So sehr zu überraschen.
E l i s a b e t h.   O ich sterbe
Für Scham! Wie mußt' er meiner Schwäche spotten!
Sie glaubt' ich zu erniedrigen und war,   2830
Ich selber, ihres Spottes Ziel!
B u r l e i g h.
Du siehst nun ein, wie treu ich dir geraten!
E l i s a b e t h. Oh, ich bin schwer dafür gestraft, daß ich
Von Eurem weisen Rate mich entfernt!
Und sollt' ich *ihm* nicht glauben? In den Schwüren
Der treusten Liebe einen Fallstrick fürchten?
Wem darf ich traun, wenn *er* mich hinterging?
Er, den ich groß gemacht vor allen Großen,
Der mir der Nächste stets am Herzen war,
Dem ich verstattete, an diesem Hof   2840
Sich wie der Herr, der König zu betragen!
B u r l e i g h. Und zu derselben Zeit verriet er dich
An diese falsche Königin von Schottland!
E l i s a b e t h. O sie bezahle mir's mit ihrem Blut!
– Sagt! Ist das Urteil abgefaßt?
B u r l e i g h.   Es liegt
Bereit, wie du befohlen.
E l i s a b e t h.   Sterben soll sie!
Er soll sie fallen sehn und nach ihr fallen.
Verstoßen hab ich ihn aus meinem Herzen,
Fort ist die Liebe, Rache füllt es ganz.
So hoch er stand, so tief und schmählich sei   2850
Sein Sturz! Er sei ein Denkmal meiner Strenge,

Wie er ein Beispiel meiner Schwäche war.
Man führ ihn nach dem Tower, ich werde Peers
Ernennen, die ihn richten: hingegeben
Sei er der ganzen Strenge des Gesetzes.

Burleigh.
Er wird sich zu dir drängen, sich rechtfert'gen –

Elisabeth.
Wie kann er sich rechtfert'gen? Überführt
Ihn nicht der Brief? O sein Verbrechen ist
Klar wie der Tag!

Burleigh.   Doch du bist mild und gnädig,
Sein Anblick, seine mächt'ge Gegenwart –   2860

Elisabeth.
Ich will ihn nicht sehn. Niemals, niemals wieder!
Habt Ihr Befehl gegeben, daß man ihn
Zurückweist, wenn er kommt?

Burleigh.   So ist's befohlen!

Page *(tritt ein).*
Mylord von Leicester!

Königin.   Der Abscheuliche!
Ich will ihn nicht sehn. Sagt ihm, daß ich ihn
Nicht sehen will.

Page.   Das wag ich nicht dem Lord
Zu sagen, und er würde mir's nicht glauben.

Königin. *So* hab ich ihn erhöht, daß meine Diener
Vor seinem Ansehn mehr als meinem zittern!

Burleigh *(zum Pagen).*
Die Königin verbiet' ihm, sich zu nahn!   2870
          (Page geht zögernd ab.)

Königin *(nach einer Pause).*
Wenn's dennoch möglich wäre – Wenn er sich
Rechtfert'gen könnte! – Sagt mir, könnt' es nicht
Ein Fallstrick sein, den mir Maria legte,
Mich mit dem treusten Freunde zu entzwein?
O sie ist eine abgefeimte Bübin!
Wenn sie den Brief nur schrieb, mir gift'gen Argwohn
Ins Herz zu streun, ihn, den sie haßt, ins Unglück
Zu stürzen –

Burleigh. Aber Königin, erwäge –

SECHSTER AUFTRITT

Vorige. Leicester.

L e i c e s t e r *(reißt die Tür mit Gewalt auf und tritt*
mit gebieterischem Wesen herein).
　　Den Unverschämten will ich sehn, der mir
　　Das Zimmer meiner Königin verbietet.　　　　　2880
E l i s a b e t h. Ha, der Verwegene!
L e i c e s t e r.　　　　　　　　Mich abzuweisen!
　　Wenn sie für einen Burleigh sichtbar ist,
　　So ist sie's auch für mich!
B u r l e i g h.　　　　　　　Ihr seid sehr kühn, Mylord,
　　Hier wider die Erlaubnis einzustürmen.
L e i c e s t e r.
　　Ihr seid sehr frech, Lord, hier das Wort zu nehmen.
　　Erlaubnis! Was! Es ist an diesem Hofe
　　Niemand, durch dessen Mund Graf Leicester sich
　　Erlauben und verbieten lassen kann!
　　(Indem er sich der Elisabeth demütig nähert.)
　　Aus meiner Königin eignem Mund will ich –
E l i s a b e t h *(ohne ihn anzusehen).*
　　Aus meinem Angesicht, Nichtswürdiger!　　　　　2890
L e i c e s t e r. Nicht meine gütige Elisabeth,
　　Den Lord vernehm ich, meinen Feind, in diesen
　　Unholden Worten – Ich berufe mich auf *meine*
　　Elisabeth – Du liehest *ihm* dein Ohr,
　　Das gleiche fordr' ich.
E l i s a b e t h.　　　　　Redet, Schändlicher!
　　Vergrößert Euren Frevel! Leugnet ihn!
L e i c e s t e r. Laßt diesen Überlästigen sich erst
　　Entfernen – Tretet ab, Mylord – Was ich
　　Mit meiner Königin zu verhandeln habe,
　　Braucht keinen Zeugen. Geht.
E l i s a b e t h *(zu Burleigh).* Bleibt. Ich befehl es!　2900
L e i c e s t e r. Was soll der Dritte zwischen dir und mir!
　　Mit meiner angebeteten Monarchin
　　Hab ich's zu tun – Die Rechte meines Platzes
　　Behaupt ich – Es sind heil'ge Rechte!
　　Und ich bestehe drauf, daß sich der Lord
　　Entferne!

Elisabeth. Euch geziemt die stolze Sprache!
Leicester.

Wohl ziemt sie mir, denn ich bin der Beglückte,
Dem deine Gunst den hohen Vorzug gab,
Das hebt mich über ihn und über alle!
Dein Herz verlieh mir diesen stolzen Rang,   2910
Und was die Liebe gab, werd ich, bei Gott!
Mit meinem Leben zu behaupten wissen.
Er geh' – und zweier Augenblicke nur
Bedarf's, mich mit dir zu verständigen.

Elisabeth.

Ihr hofft umsonst, mich listig zu beschwatzen.

Leicester. Beschwatzen konnte dich der Plauderer,
Ich aber will zu deinem Herzen reden!
Und was ich im Vertraun auf deine Gunst
Gewagt, will ich auch nur vor deinem Herzen
Rechtfertigen – Kein anderes Gericht   2920
Erkenn ich über mir als deine Neigung!

Elisabeth.

Schamloser! Ebendiese ist's, die Euch zuerst
Verdammt – Zeigt ihm den Brief, Mylord!

Burleigh.   Hier ist er!

Leicester *(durchläuft den Brief, ohne die Fassung zu
   verändern)*.

Das ist der Stuart Hand!

Elisabeth.   Lest und verstummt!

Leicester *(nachdem er gelesen, ruhig)*.

Der Schein ist gegen mich, doch darf ich hoffen,
Daß ich nicht nach dem Schein gerichtet werde!

Elisabeth.

Könnt Ihr es leugnen, daß Ihr mit der Stuart
In heimlichem Verständnis wart, ihr Bildnis
Empfingt, ihr zur Befreiung Hoffnung machtet?

Leicester.

Leicht wäre mir's, wenn ich mich schuldig fühlte,   2930
Das Zeugnis einer Feindin zu verwerfen!
Doch frei ist mein Gewissen: ich bekenne,
Daß sie die Wahrheit schreibt!

Elisabeth.   Nun denn,
Unglücklicher!

B u r l e i g h.   Sein eigner Mund verdammt ihn.
E l i s a b e t h.
  Aus meinen Augen. In den Tower – Verräter!
L e i c e s t e r.
  Der bin ich nicht. Ich hab gefehlt, daß ich
  Aus diesem Schritt dir ein Geheimnis machte;
  Doch redlich war die Absicht, es geschah,
  Die Feindin zu erforschen, zu verderben.
E l i s a b e t h.
  Elende Ausflucht –
B u r l e i g h.   Wie, Mylord? Ihr glaubt –   2940
L e i c e s t e r. Ich habe ein gewagtes Spiel gespielt,
  Ich weiß, und nur Graf Leicester durfte sich
  An diesem Hofe solcher Tat erkühnen.
  Wie ich die Stuart hasse, weiß die Welt.
  Der Rang, den ich bekleide, das Vertrauen,
  Wodurch die Königin mich ehrt, muß jeden Zweifel
  In meine treue Meinung niederschlagen.
  Wohl darf der Mann, den deine Gunst vor allen
  Auszeichnet, einen eignen kühnen Weg
  Einschlagen, seine Pflicht zu tun.   2950
B u r l e i g h.   Warum,
  Wenn's eine gute Sache war, verschwiegt Ihr?
L e i c e s t e r.
  Mylord! Ihr pflegt zu schwatzen, eh' Ihr handelt,
  Und seid die Glocke Eurer Taten. *Das*
  Ist *Eure* Weise, Lord. Die meine ist,
  Erst handeln und dann reden!
B u r l e i g h.
  Ihr redet jetzo, weil Ihr müßt.
L e i c e s t e r *(ihn stolz und höhnisch mit den Augen*
    messend).   Und Ihr
  Berühmt Euch, eine wundergroße Tat
  Ins Werk gerichtet, Eure Königin
  Gerettet, die Verräterei entlarvt
  Zu haben – Alles wißt Ihr, Eurem Scharfblick   2960
  Kann nichts entgehen, meint Ihr – Armer Prahler!
  Trotz Eurer Spürkunst war Maria Stuart
  Noch heute frei, wenn *ich* es nicht verhindert.
B u r l e i g h. Ihr hättet –

L e i c e s t e r.   Ich, Mylord. Die Königin
  Vertraute sich dem Mortimer, sie schloß
  Ihr Innerstes ihm auf, sie ging so weit,
  Ihm einen blut'gen Auftrag gegen die Maria
  Zu geben, da der Oheim sich mit Abscheu
  Von einem gleichen Antrag abgewendet –
  Sagt! Ist es nicht so?
  (Königin und Burleigh sehen einander betroffen an.)
B u r l e i g h.   Wie gelangtet Ihr   2970
  Dazu? –
L e i c e s t e r.
            Ist's nicht so? – Nun, Mylord! Wo hattet
  Ihr Eure tausend Augen, nicht zu sehn,
  Daß dieser Mortimer Euch hinterging?
  Daß er ein wütender Papist, ein Werkzeug
  Der Guisen, ein Geschöpf der Stuart war,
  Ein keck entschloßner Schwärmer, der gekommen,
  Die Stuart zu befrein, die Königin
  Zu morden –
E l i s a b e t h *(mit dem äußersten Erstaunen).*
            Dieser Mortimer!
L e i c e s t e r.   Er war's, durch den
  Maria Unterhandlung mit mir pflog,
  Den ich auf diesem Wege kennenlernte.   2980
  Noch heute sollte sie aus ihrem Kerker
  Gerissen werden, diesen Augenblick
  Entdeckte mir's sein eigner Mund; ich ließ ihn
  Gefangennehmen, und in der Verzweiflung,
  Sein Werk vereitelt, sich entlarvt zu sehn,
  Gab er sich selbst den Tod!
E l i s a b e t h.   O Ich bin unerhört
  Betrogen – dieser Mortimer!
B u r l e i g h.   Und jetzt
  Geschah das? Jetzt, nachdem ich Euch verlassen!
L e i c e s t e r.
  Ich muß um meinetwillen sehr beklagen,
  Daß es dies Ende mit ihm nahm. Sein Zeugnis,   2990
  Wenn er noch lebte, würde mich vollkommen
  Gereinigt, aller Schuld entledigt haben.
  Drum übergab ich ihn des Richters Hand.

Die strengste Rechtsform sollte meine Unschuld
Vor aller Welt bewähren und besiegeln.
B u r l e i g h. Er tötete sich, sagt Ihr. Er sich selber? Oder
Ihr ihn?
L e i c e s t e r.   Unwürdiger Verdacht! Man höre
Die Wache ab, der ich ihn übergab!
(Er geht an die Tür und ruft hinaus. Der Offizier der
Leibwache tritt herein.)
Erstattet Ihrer Majestät Bericht,
Wie dieser Mortimer umkam!
O f f i z i e r.   Ich hielt die Wache   3000
Im Vorsaal, als Mylord die Türe schnell
Eröffnete und mir befahl, den Ritter
Als einen Staatsverräter zu verhaften.
Wir sahen ihn hierauf in Wut geraten,
Den Dolch ziehn unter heftiger Verwünschung
Der Königin und, eh' wir's hindern konnten,
Ihn in die Brust sich stoßen, daß er tot
Zu Boden stürzte –
L e i c e s t e r.   Es ist gut. Ihr könnt
Abtreten, Sir! Die Königin weiß genug!
(Offizier geht ab.)
E l i s a b e t h.
O welcher Abgrund von Abscheulichkeiten –   3010
L e i c e s t e r.
Wer war's nun, der dich rettete? War es
Mylord von Burleigh? Wußt' er die Gefahr,
Die dich umgab? War *er's*, der sie von dir
Gewandt? – Dein treuer Leicester war dein Engel!
B u r l e i g h.
Graf! Dieser Mortimer starb Euch sehr gelegen.
E l i s a b e t h.
Ich weiß nicht, was ich sagen soll. Ich glaub Euch
Und glaub Euch nicht. Ich denke, Ihr seid schuldig
Und seid es nicht! O die Verhaßte, die
Mir all dies Weh bereitet!
L e i c e s t e r.   Sie muß sterben.
Jetzt stimm ich selbst für ihren Tod. Ich riet   3020
Dir an, das Urteil unvollstreckt zu lassen,
Bis sich aufs neu ein Arm für sie erhübe.

Dies ist geschehn – und ich bestehe drauf,
Daß man das Urteil ungesäumt vollstrecke.
B u r l e i g h. Ihr rietet dazu! Ihr!
L e i c e s t e r.   So sehr es mich
Empört, zu einem Äußersten zu greifen,
Ich sehe nun und glaube, daß die Wohlfahrt
Der Königin dies blut'ge Opfer heischt;
Drum trag ich darauf an, daß der Befehl
Zur Hinrichtung gleich ausgefertigt werde!   3030
B u r l e i g h *(zur Königin).*
Da es Mylord so treu und ernstlich meint,
So trag *ich* darauf an, daß die Vollstreckung
Des Richterspruchs ihm übertragen werde.
L e i c e s t e r.
Mir!
B u r l e i g h.
      Euch. Nicht besser könnt Ihr den Verdacht,
Der jetzt noch auf Euch lastet, widerlegen,
Als wenn Ihr *sie,* die Ihr geliebt zu haben
Beschuldigt werdet, selbst enthaupten lasset.
E l i s a b e t h *(Leicestern mit den Augen fixierend).*
Mylord rät gut. So sei's, und dabei bleib' es.
L e i c e s t e r. Mich sollte billig meines Ranges Höh'
Von einem Auftrag dieses traur'gen Inhalts   3040
Befrein, der sich in jedem Sinne besser
Für einen Burleigh ziemen mag als mich.
Wer seiner Königin so nahe steht,
Der sollte nichts Unglückliches vollbringen.
Jedoch um meinen Eifer zu bewähren,
Um meiner Königin genugzutun,
Begeb ich mich des Vorrechts meiner Würde
Und übernehme die verhaßte Pflicht.
E l i s a b e t h.
Lord Burleigh teile sie mit Euch!
(Zu diesem.)   Tragt Sorge,
Daß der Befehl gleich ausgefertigt werde.   3050
   (Burleigh geht. Man hört draußen ein Getümmel.)

SIEBENTER AUFTRITT

Graf von Kent zu den Vorigen.

E l i s a b e t h.
Was gibt's, Mylord von Kent? Was für ein Auflauf
Erregt die Stadt – Was ist es?
K e n t.   Königin,
Es ist das Volk, das den Palast umlagert;
Es fordert heftig dringend, dich zu sehn.
E l i s a b e t h.
Was will mein Volk?
K e n t.   Der Schrecken geht durch London,
Dein Leben sei bedroht, es gehen Mörder
Umher, vom Papste wider dich gesendet.
Verschworen seien die Katholischen,
Die Stuart aus dem Kerker mit Gewalt
Zu reißen und zur Königin auszurufen.   3060
Der Pöbel glaubt's und wütet. Nur das Haupt
Der Stuart, das noch heute fällt, kann ihn
Beruhigen.
E l i s a b e t h.
              Wie? Soll mir Zwang geschehn?
K e n t. Sie sind entschlossen, eher nicht zu weichen,
Bis du das Urteil unterzeichnet hast.

ACHTER AUFTRITT

Burleigh und Davison mit einer Schrift. Die Vorigen.

E l i s a b e t h.
Was bringt Ihr, Davison?
D a v i s o n *(nähert sich, ernsthaft).*
                                        Du hast befohlen,
O Königin –
E l i s a b e t h. Was ist's?
(Indem sie die Schrift ergreifen will, schauert sie zu-
sammen und fährt zurück.)
                              O Gott!
B u r l e i g h.   Gehorche
Der Stimme des Volks, sie ist die Stimme Gottes.

Elisabeth *(unentschlossen mit sich selbst kämpfend).*
 O meine Lords! Wer sagt mir, ob ich wirklich
 Die Stimme meines ganzen Volks, die Stimme   3070
 Der Welt vernehme! Ach wie sehr befürcht ich,
 Wenn ich dem Wunsch der Menge nun gehorcht,
 Daß eine ganz verschiedne Stimme sich
 Wird hören lassen – ja daß eben die,
 Die jetzt gewaltsam zu der Tat mich treiben,
 Mich, wenn's vollbracht ist, strenge tadeln werden!

NEUNTER AUFTRITT

Graf Shrewsbury zu den Vorigen.

Shrewsbury *(kommt in großer Bewegung).*
 Man will dich übereilen, Königin!
 O halte fest, sei standhaft –
 (Indem er Davison mit der Schrift gewahr wird.)
         Oder ist es
 Geschehen? Ist es wirklich? Ich erblicke
 Ein unglückselig Blatt in dieser Hand;   3080
 Das komme meiner Königin jetzt nicht
 Vor Augen.
Elisabeth. Edler Shrewsbury! Man zwingt mich.
Shrewsbury.
 Wer kann dich zwingen? Du bist Herrscherin,
 Hier gilt es, deine Majestät zu zeigen!
 Gebiete Schweigen jenen rohen Stimmen,
 Die sich erdreisten, deinem Königswillen
 Zwang anzutun, dein Urteil zu regieren.
 Die Furcht, ein blinder Wahn bewegt das Volk,
 Du selbst bist außer dir, bist schwer gereizt,
 Du bist ein Mensch, und jetzt kannst du nicht richten.
Burleigh.
 Gerichtet ist schon längst. Hier ist kein Urteil   3091
 Zu *fällen,* zu *vollziehen* ist's.
Kent *(der sich bei Shrewsburys Eintritt entfernt hat,
 kommt zurück).*
 Der Auflauf wächst, das Volk ist länger nicht
 Zu bändigen.

Elisabeth *(zu Shrewsbury).*
           Ihr seht, wie sie mich drängen!
Shrewsbury.
  Nur Aufschub fordr' ich. Dieser Federzug
  Entscheidet deines Lebens Glück und Frieden.
  Du hast es jahrelang bedacht – soll dich
  Der Augenblick im Sturme mit sich führen?
  Nur kurzen Aufschub. Sammle dein Gemüt,
  Erwarte eine ruhigere Stunde.   3100
Burleigh *(heftig).*
  Erwarte, zögre, säume, bis das Reich
  In Flammen steht, bis es der Feindin endlich
  Gelingt, den Mordstreich wirklich zu vollführen.
  Dreimal hat ihn ein Gott von dir entfernt;
  Heut hat er *nahe* dich berührt: noch einmal
  Ein Wunder hoffen, hieße Gott versuchen.
Shrewsbury.
  Der Gott, der dich durch seine Wunderhand
  Viermal erhielt, der heut dem schwachen Arm
  Des Greisen Kraft gab, einen Wütenden
  Zu überwält'gen – *er* verdient Vertrauen!   3110
  Ich will die Stimme der Gerechtigkeit
  Jetzt nicht erheben, jetzt ist nicht die Zeit,
  Du kannst in diesem Sturme sie nicht hören.
  Dies eine nur vernimm! Du zitterst jetzt
  Vor dieser lebenden Maria. Nicht
  Die Lebende hast du zu fürchten. Zittre vor
  Der Toten, der Enthaupteten. Sie wird
  Vom Grab erstehen, eine Zwietrachtsgöttin,
  Ein Rachegeist in deinem Reich herumgehn
  Und deines Volkes Herzen von dir wenden.   3120
  Jetzt *haßt* der Brite die Gefürchtete,
  Er wird sie *rächen*, wenn sie nicht mehr ist.
  Nicht mehr die Feindin seines Glaubens, nur
  Die Enkeltochter seiner Könige,
  Des Hasses Opfer und der Eifersucht
  Wird er in der Bejammerten erblicken!
  Schnell wirst du die Veränderung erfahren.
  Durchziehe London, wenn die blut'ge Tat
  Geschehen, zeige dich dem Volk, das sonst

Sich jubelnd um dich her ergoß, du wirst   3130
Ein andres England sehn, ein andres Volk,
Denn dich umgibt nicht mehr die herrliche
Gerechtigkeit, die alle Herzen dir
Besiegte! *Furcht*, die schreckliche Begleitung
Der Tyrannei, wird schaudernd vor dir herziehn
Und jede Straße, wo du gehst, veröden.
Du hast das Letzte, Äußerste getan –
Welch Haupt steht fest, wenn dieses heil'ge fiel!
Elisabeth.
    Ach Shrewsbury! Ihr habt mir heut das Leben
Gerettet, habt des Mörders Dolch von mir   3140
Gewendet – Warum ließet Ihr ihm nicht
Den Lauf? So wäre jeder Streit geendigt,
Und alles Zweifels ledig, rein von Schuld,
Läg' ich in meiner stillen Gruft! Fürwahr!
Ich bin des Lebens und des Herrschens müd'.
Muß eine von uns Königinnen fallen,
Damit die andre lebe – und es ist
Nicht anders, das erkenn ich – kann denn ich
Nicht *die* sein, welche weicht? Mein Volk mag wählen,
Ich geb ihm seine Majestät zurück.   3150
Gott ist mein Zeuge, daß ich nicht für mich,
Nur für das Beste meines Volks gelebt.
Hofft es von dieser schmeichlerischen Stuart,
Der jüngern Königin, glücklichere Tage,
So steig ich gern von diesem Thron und kehre
In Woodstocks stille Einsamkeit zurück,
Wo meine anspruchlose Jugend lebte,
Wo ich, vom Tand der Erdengröße fern,
Die Hoheit in mir selber fand – Bin ich
Zur Herrscherin doch nicht gemacht! Der Herrscher 3160
Muß hart sein können, und mein Herz ist weich.
Ich habe diese Insel lange glücklich
Regiert, weil ich nur brauchte zu beglücken.
Es kommt die erste schwere Königspflicht,
Und ich empfinde meine Ohnmacht –
Burleigh.   Nun bei Gott!
Wenn ich so ganz unkönigliche Worte
Aus meiner Königin Mund vernehmen muß,

So wär's Verrat an meiner Pflicht, Verrat
Am Vaterlande, länger still zu schweigen.
– Du sagst, du liebst dein Volk mehr als dich selbst, 3170
Das zeige jetzt! Erwähle nicht den Frieden
Für *dich* und überlaß das Reich den Stürmen.
– Denk an die Kirche! Soll mit dieser Stuart
Der alte Aberglaube wiederkehren?
Der Mönch aufs neu hier herrschen, der Legat
Aus Rom gezogen kommen, unsre Kirchen
Verschließen, unsre Könige entthronen?
– Die Seelen aller deiner Untertanen,
Ich fordre sie von *dir* – Wie du jetzt handelst,
Sind sie gerettet oder sind verloren.   3180
Hier ist nicht Zeit zu weichlichem Erbarmen,
Des Volkes Wohlfahrt ist die höchste Pflicht;
Hat Shrewsbury das Leben dir gerettet,
So will *ich* England retten – das ist mehr!
Elisabeth
Man überlasse mich mir selbst! Bei Menschen ist
Nicht Rat noch Trost in dieser großen Sache.
Ich trage sie dem höhern Richter vor.
Was der mich lehrt, das will ich tun – Entfernt euch,
Mylords!
(*Zu Davison.*)   Ihr, Sir, könnt in der Nähe bleiben!
(*Die Lords gehen ab. Shrewsbury allein bleibt noch einige
Augenblicke vor der Königin stehen mit bedeutungsvol-
lem Blick, dann entfernt er sich langsam mit einem Aus-
druck des tiefsten Schmerzes.*)

ZEHNTER AUFTRITT

Elisabeth (*allein*).
    O Sklaverei des Volksdiensts! Schmähliche   3190
Knechtschaft – Wie bin ich's müde, diesem Götzen
Zu schmeicheln, den mein Innerstes verachtet!
Wann soll ich frei auf diesem Throne stehn!
Die Meinung muß ich ehren, um das Lob
Der Menge buhlen, einem Pöbel muß ich's
Recht machen, dem der Gaukler nur gefällt.

Oh, *der* ist noch nicht König, der der Welt
Gefallen muß! Nur *der* ist's, der bei seinem Tun
Nach keines Menschen Beifall braucht zu fragen.
    Warum hab ich Gerechtigkeit geübt, 3200
Willkür gehaßt mein Leben lang, daß ich
Für diese erste unvermeidliche
Gewalttat selbst die Hände mir gefesselt!
Das Muster, das ich selber gab, verdammt mich!
War ich tyrannisch, wie die spanische
Maria war, mein Vorfahr auf dem Thron, ich könnte
Jetzt ohne Tadel Königsblut verspritzen!
Doch war's denn meine eigne freie Wahl,
Gerecht zu sein? Die allgewaltige
Notwendigkeit, die auch das freie Wollen 3210
Der Könige zwingt, gebot mir diese Tugend.
    Umgeben rings von Feinden, hält mich nur
Die Volksgunst auf dem angefochtnen Thron.
Mich zu vernichten streben alle Mächte
Des festen Landes. Unversöhnlich schleudert
Der röm'sche Papst den Bannfluch auf mein Haupt,
Mit falschem Bruderkuß verrät mich Frankreich,
Und offnen, wütenden Vertilgungskrieg
Bereitet mir der Spanier auf den Meeren.
So steh ich kämpfend gegen eine Welt, 3220
Ein wehrlos Weib! Mit hohen Tugenden
Muß ich die Blöße meines Rechts bedecken,
Den Flecken meiner fürstlichen Geburt,
Wodurch der eigne Vater mich geschändet!
Umsonst bedeck ich ihn – Der Gegner Haß
Hat ihn entblößt und stellt mir diese Stuart,
Ein ewig drohendes Gespenst, entgegen.
    Nein, diese Furcht soll endigen!
Ihr Haupt soll fallen. Ich will Frieden haben!
– Sie ist die Furie meines Lebens! Mir 3230
Ein Plagegeist vom Schicksal angeheftet.
Wo ich mir eine Freude, eine Hoffnung
Gepflanzt, da liegt die Höllenschlange mir
Im Wege. Sie entreißt mir den Geliebten,
Den Bräut'gam raubt sie mir! *Maria Stuart*
Heißt jedes Unglück, das mich niederschlägt!

Ist *sie* aus den Lebendigen vertilgt,
Frei bin ich, wie die Luft auf den Gebirgen.
(Stillschweigen.)
Mit welchem Hohn sie auf mich niedersah,
Als sollte mich der Blick zu Boden blitzen!   3240
Ohnmächtige! Ich führe beßre Waffen,
Sie treffen tödlich, und du bist nicht mehr!
*(Mit raschem Schritt nach dem Tische gehend und die
Feder ergreifend.)*
Ein Bastard bin ich dir? – Unglückliche!
Ich bin es nur, solang *du* lebst und atmest.
Der Zweifel meiner fürstlichen Geburt,
Er ist getilgt, sobald ich *dich* vertilge.
Sobald dem Briten keine Wahl mehr bleibt,
Bin ich im echten Ehebett geboren!
*(Sie unterschreibt mit einem raschen, festen Federzug,
läßt dann die Feder fallen und tritt mit einem Aus-
druck des Schreckens zurück. Nach einer Pause klingelt
sie.)*

ELFTER AUFTRITT

Elisabeth. Davison.

Elisabeth.
Wo sind die andern Lords?
Davison.   Sie sind gegangen,
Das aufgebrachte Volk zur Ruh' zu bringen.   3250
Das Toben war auch augenblicks gestillt,
Sobald der Graf von Shrewsbury sich zeigte.
»Der ist's! das ist er!« riefen hundert Stimmen,
»Der rettete die Königin! Hört ihn!
Den bravsten Mann in England.« Nun begann
Der edle Talbot und verwies dem Volk
In sanften Worten sein gewaltsames
Beginnen, sprach so kraftvoll überzeugend,
Daß alles sich besänftigte und still
Vom Platze schlich.
Elisabeth.   Die wankelmüt'ge Menge,   3260
Die jeder Wind herumtreibt! Wehe dem,
Der auf dies Rohr sich lehnt! – Es ist gut,

Sir Davison. Ihr könnt nun wieder gehn.
(*Wie sich jener nach der Türe gewendet.*)
Und dieses Blatt – Nehmt es zurück – Ich leg's
In Eure Hände.
D a v i s o n (*wirft einen Blick in das Papier und er-
    schrickt*).   Königin! Dein Name!
Du hast entschieden?
E l i s a b e t h.   – Unterschreiben sollt' ich.
Ich hab's getan. Ein Blatt Papier entscheidet
Noch nicht, ein Name tötet nicht.
D a v i s o n.
Dein Name, Königin, unter *dieser* Schrift
Entscheidet alles, tötet, ist ein Strahl   3270
Des Donners, der geflügelt trifft – Dies Blatt
Befiehlt den Kommissarien, dem Sheriff,
Nach Fotheringhayschloß sich stehnden Fußes
Zur Königin von Schottland zu verfügen,
Den Tod ihr anzukündigen und schnell,
Sobald der Morgen tagt, ihn zu vollziehn.
Hier ist kein Aufschub: jene hat gelebt,
Wenn ich dies Blatt aus meinen Händen gebe.
E l i s a b e t h.
Ja, Sir! Gott legt ein wichtig groß Geschick
In Eure schwachen Hände. Fleht ihn an,   3280
Daß er mit seiner Weisheit Euch erleuchte.
Ich geh und überlaß Euch Eurer Pflicht. (*Sie will gehen.*)
D a v i s o n (*tritt ihr in den Weg*).
Nein, meine Königin! Verlaß mich nicht,
Eh' du mir deinen Willen kundgetan.
Bedarf es hier noch einer andern Weisheit
Als dein Gebot buchstäblich zu befolgen?
– Du legst dies Blatt in meine Hand, daß ich
Zu schleuniger Vollziehung es befördre?
E l i s a b e t h.
Das werdet Ihr nach *Eurer* Klugheit –
D a v i s o n (*schnell und erschrocken einfallend*).
                                    Nicht
Nach meiner! Das verhüte Gott! Gehorsam   3290
Ist meine ganze Klugheit. Deinem Diener
Darf hier nichts zu entscheiden übrigbleiben.

Ein klein Versehn wär' hier ein Königsmord,
Ein unabsehbar, ungeheures Unglück.
Vergönne mir, in dieser großen Sache
Dein blindes Werkzeug willenlos zu sein.
In klare Worte fasse deine Meinung:
Was soll mit diesem Blutbefehl geschehn?

Elisabeth. – Sein Name spricht es aus.

Davison.
So willst du, daß er gleich vollzogen werde?   3300

Elisabeth (zögernd).
Das *sag* ich nicht und zittre, es zu denken.

Davison.
Du willst, daß ich ihn länger noch bewahre?

Elisabeth (schnell).
Auf Eure Gefahr! Ihr haftet für die Folgen.

Davison.
Ich? Heil'ger Gott! – Sprich, Königin! *Was* willst du?

Elisabeth (ungeduldig).
Ich *will*, daß dieser unglücksel'gen Sache
Nicht mehr gedacht soll werden, daß ich endlich
Will Ruhe davor haben und auf ewig.

Davison.
Es kostet dir ein einzig Wort. O sage,
Bestimme, was mit dieser Schrift soll werden!

Elisabeth.
Ich *hab's* gesagt, und quält mich nun nicht weiter.   3310

Davison. Du hättest es gesagt? Du hast mir nichts
Gesagt – Oh, es gefalle meiner Königin,
Sich zu erinnern.

Elisabeth (stampft auf den Boden).
                    Unerträglich!

Davison.   Habe Nachsicht
Mit mir! Ich kam seit wenig Monden erst
In dieses Amt! Ich kenne nicht die Sprache
Der Höfe und der Könige – in schlicht
Einfacher Sitte bin ich aufgewachsen.
Drum habe du Geduld mit deinem Knecht!
Laß dich das Wort nicht reun, das mich belehrt,
Mich klarmacht über meine Pflicht –   3320

(Er nähert sich ihr in flehender Stellung, sie kehrt ihm

den Rücken zu, er steht in Verzweiflung, dann spricht er
mit entschloßnem Ton.)
Nimm dies Papier zurück! Nimm es zurück!
Es wird mir glühend Feuer in den Händen.
Nicht mich erwähle, dir in diesem furchtbaren
Geschäft zu dienen.
E l i s a b e t h.   Tut, was Eures Amts ist. *(Sie geht ab.)*

ZWÖLFTER AUFTRITT

Davison, gleich darauf Burleigh.

D a v i s o n.
  Sie geht! Sie läßt mich ratlos, zweifelnd stehn
  Mit diesem fürchterlichen Blatt – Was tu ich?
  Soll ich's bewahren? Soll ich's übergeben?
  (Zu Burleigh, der hereintritt.)
  O gut! gut, daß Ihr kommt, Mylord! Ihr seid's,
  Der mich in dieses Staatsamt eingeführt!
  Befreit mich davon. Ich übernahm es,   3330
  Unkundig seiner Rechenschaft! Laßt mich
  Zurückgehn in die Dunkelheit, wo Ihr
  Mich fandet, ich gehöre nicht auf diesen Platz –
B u r l e i g h.
  Was ist Euch, Sir? Faßt Euch. Wo ist das Urteil?
  Die Königin ließ Euch rufen.
D a v i s o n.   Sie verließ mich
  In heft'gem Zorn. O ratet mir! Helft mir!
  Reißt mich aus dieser Höllenangst des Zweifels.
  Hier ist das Urteil – Es ist unterschrieben.
B u r l e i g h *(hastig).*
  Ist es? O gebt! Gebt her!
D a v i s o n.   Ich darf nicht.
B u r l e i g h.   Was?
D a v i s o n.
  Sie hat mir ihren Willen noch nicht deutlich –   3340
B u r l e i g h.
  Nicht deutlich! Sie hat unterschrieben. Gebt!
D a v i s o n. Ich soll's vollziehen lassen – soll es *nicht*
  Vollziehen lassen – Gott! Weiß ich, was ich soll?

B u r l e i g h *(heftiger dringend).*
  Gleich, augenblicks sollt Ihr's vollziehen lassen.
  Gebt her! Ihr seid verloren, wenn Ihr säumt.
D a v i s o n. Ich bin verloren, wenn ich's übereile.
B u r l e i g h.
  Ihr seid ein Tor, Ihr seid von Sinnen! Gebt!
  (Er entreißt ihm die Schrift und eilt damit ab.)
D a v i s o n *(ihm nacheilend).*
  Was macht Ihr? Bleibt! Ihr stürzt mich ins Verderben.

FÜNFTER AUFZUG

Die Szene ist das Zimmer des ersten Aufzugs.

ERSTER AUFTRITT

*Hanna Kennedy, in tiefe Trauer gekleidet, mit verwein-
ten Augen und einem großen, aber stillen Schmerz, ist be-
schäftigt, Pakete und Briefe zu versiegeln. Oft unterbricht
sie der Jammer in ihrem Geschäft, und man sieht sie da-
zwischen still beten. Paulet und Drury, gleichfalls in
schwarzen Kleidern, treten ein; ihnen folgen viele Bediente, welche goldne und silberne Gefäße, Spiegel, Gemälde und andere Kostbarkeiten tragen und den Hintergrund des Zimmers damit anfüllen. Paulet überliefert
der Amme ein Schmuckkästchen nebst einem Papier und
bedeutet ihr durch Zeichen, daß es ein Verzeichnis der
gebrachten Dinge enthalte. Beim Anblick dieser Reich-
tümer erneuert sich der Schmerz der Amme, sie versinkt
in ein tiefes Trauern, indem jene sich still wieder entfernen. Melvil tritt ein.*

K e n n e d y *(schreit auf, sobald sie ihn gewahr wird).*
  Melvil! Ihr seid es! Euch erblick ich wieder!
M e l v i l. Ja, treue Kennedy, wir sehn uns wieder!   3350
K e n n e d y.
  Nach langer, langer, schmerzenvoller Trennung!
M e l v i l. Ein unglückselig schmerzvoll Wiedersehn!
K e n n e d y.
  O Gott! Ihr kommt –
M e l v i l.   Den letzten, ewigen
  Abschied von meiner Königin zu nehmen.
K e n n e d y.
  Jetzt endlich, jetzt am Morgen ihres Todes,
  Wird ihr die langentbehrte Gegenwart
  Der Ihrigen vergönnt – O teurer Sir,
  Ich will nicht fragen, wie es Euch erging,

Euch nicht die Leiden nennen, die wir litten,
Seitdem man Euch von unsrer Seite riß –   3360
Ach, dazu wird wohl einst die Stunde kommen!
O Melvil! Melvil! Mußten wir's erleben,
Den Anbruch dieses Tags zu sehn!
M e l v i l.   Laßt uns
Einander nicht erweichen! Weinen will ich,
Solang noch Leben in mir ist; nie soll
Ein Lächeln diese Wangen mehr erheitern,
Nie will ich dieses nächtliche Gewand
Mehr von mir legen! Ewig will ich trauern,
Doch heute will ich standhaft sein – Versprecht
Auch Ihr mir, Euren Schmerz zu mäßigen –   3370
Und wenn die andern alle der Verzweiflung
Sich trostlos überlassen, lasset *uns*
Mit männlich edler Fassung ihr vorangehn
Und ihr ein Stab sein auf dem Todesweg!
K e n n e d y.
Melvil! Ihr seid im Irrtum, wenn Ihr glaubt,
Die Königin bedürfe unsers Beistands,
Um standhaft in den Tod zu gehn! Sie selber ist's,
Die uns das Beispiel edler Fassung gibt.
Seid ohne Furcht! Maria Stuart wird
Als eine Königin und Heldin sterben.   3380
M e l v i l. Nahm sie die Todespost mit Fassung auf?
Man sagt, daß sie nicht vorbereitet war.
K e n n e d y.
Das war sie nicht. Ganz andre Schrecken waren's,
Die meine Lady ängstigten. Nicht vor dem Tod,
Vor dem Befreier zitterte Maria.
– Freiheit war uns verheißen. Diese Nacht
Versprach uns Mortimer von hier wegzuführen,
Und zwischen Furcht und Hoffnung, zweifelhaft,
Ob sie dem kecken Jüngling ihre Ehre
Und fürstliche Person vertrauen dürfe,   3390
Erwartete die Königin den Morgen.
– Da wird ein Auflauf in dem Schloß, ein Pochen
Schreckt unser Ohr und vieler Hämmer Schlag:
Wir glauben, die Befreier zu vernehmen,
Die Hoffnung winkt, der süße Trieb des Lebens

Wacht unwillkürlich, allgewaltig auf –
Da öffnet sich die Tür – Sir Paulet ist's,
Der uns verkündigt – daß – die Zimmerer
Zu unsern Füßen das Gerüst aufschlagen!
(Sie wendet sich ab, von heftigem Schmerz ergriffen.)
M e l v i l. Gerechter Gott! O sagt mir! Wie ertrug   3400
Maria diesen fürchterlichen Wechsel?
K e n n e d y *(nach einer Pause, worin sie sich wieder
etwas gefaßt hat).*
Man löst sich nicht allmählich von dem Leben!
Mit *einem* Mal, schnell, augenblicklich muß
Der Tausch geschehen zwischen Zeitlichem
Und Ewigem, und Gott gewährte meiner Lady
In diesem Augenblick, der Erde Hoffnung
Zurückzustoßen mit entschloßner Seele
Und glaubenvoll den Himmel zu ergreifen.
Kein Merkmal bleicher Furcht, kein Wort der Klage
Entehrte meine Königin – Dann erst,   3410
Als sie Lord Leicesters schändlichen Verrat
Vernahm, das unglückselige Geschick
Des werten Jünglings, der sich ihr geopfert,
Des alten Ritters tiefen Jammer sah,
Dem seine letzte Hoffnung starb durch sie –
Da flossen ihre Tränen: nicht das eigne Schicksal,
Der fremde Jammer preßte sie ihr ab.
M e l v i l. Wo ist sie jetzt? Könnt Ihr mich zu ihr bringen?
K e n n e d y.
Den Rest der Nacht durchwachte sie mit Beten,
Nahm von den teuern Freunden schriftlich Abschied
Und schrieb ihr Testament mit eigner Hand.   3421
Jetzt pflegt sie einen Augenblick der Ruh',
Der letzte Schlaf erquickt sie.
M e l v i l.   Wer ist bei ihr?
K e n n e d y. Ihr Leibarzt Burgoyn und ihre Frauen.

ZWEITER AUFTRITT

Margareta Kurl zu den Vorigen.

K e n n e d y. Was bringt Ihr, Mistreß? Ist die Lady wach?
K u r l *(ihre Tränen trocknend).*
    Schon angekleidet – Sie verlangt nach Euch.
K e n n e d y. Ich komme.
    (Zu Melvil, der sie begleiten will.)
                              Folgt mir nicht, bis ich die Lady
Auf Euren Anblick vorbereitet. *(Geht hinein.)*
K u r l.   Melvil!
    Der alte Haushofmeister!
M e l v i l.   Ja, der bin ich!
K u r l. O dieses Haus braucht keines Meisters mehr! 3430
    – Melvil! Ihr kommt von London, wißt Ihr mir
    Von meinem Manne nichts zu sagen?
M e l v i l. Er wird auf freien Fuß gesetzt, sagt man,
    Sobald –
K u r l.   Sobald die Königin nicht mehr ist!
    O der nichtswürdig schändliche Verräter!
    Er ist der Mörder dieser teuren Lady,
    Sein Zeugnis, sagt man, habe sie verurteilt.
M e l v i l. So ist's.
K u r l.   O seine Seele sei verflucht
    Bis in die Hölle! Er hat falsch gezeugt –
M e l v i l. Mylady Kurl! Bedenket Eure Reden. 3440
K u r l. Beschwören will ich's vor Gerichtes Schranken,
    Ich will es ihm ins Antlitz wiederholen,
    Die ganze Welt will ich damit erfüllen,
    Sie stirbt unschuldig –
M e l v i l.   O das gebe Gott!

DRITTER AUFTRITT

Burgoyn zu den Vorigen. Hernach Hanna Kennedy.

B u r g o y n *(erblickt Melvil).*
    O Melvil!
M e l v i l *(ihn umarmend).*
              Burgoyn!

B u r g o y n *(zur Margareta Kurl).*
     Besorget einen Becher
 Mit Wein für unsre Lady. Machet hurtig.
    (Kurl geht ab.)
M e l v i l. Wie? Ist der Königin nicht wohl?
B u r g o y n.
 Sie fühlt sich stark, sie täuscht ihr Heldenmut,
 Und keiner Speise glaubt sie zu bedürfen;
 Doch ihrer wartet noch ein schwerer Kampf,   3450
 Und ihre Feinde sollen sich nicht rühmen,
 Daß Furcht des Todes ihre Wangen bleichte,
 Wenn die Natur aus Schwachheit unterliegt.
M e l v i l *(zur Amme, die hereintritt).*
 Will sie mich sehn?
K e n n e d y.   Gleich wird sie selbst hier sein.
 – Ihr scheint Euch mit Verwunderung umzusehn,
 Und Eure Blicke fragen mich: was soll
 Das Prachtgerät in diesem Ort des Todes?
 – O Sir! Wir litten Mangel, da wir lebten,
 Erst mit dem Tode kommt der Überfluß zurück.

VIERTER AUFTRITT

Vorige. Zwei andre Kammerfrauen der Maria, gleich-
falls in Trauerkleidern. Sie brechen bei Melvils Anblick
in laute Tränen aus.

M e l v i l. Was für ein Anblick! Welch ein Wiedersehn!
 Gertrude! Rosamund!   3461
Z w e i t e K a m m e r f r a u.
     Sie hat uns von sich
 Geschickt! Sie will zum letztenmal allein
 Mit Gott sich unterhalten!
(Es kommen noch zwei weibliche Bediente, wie die vori-
gen in Trauer, die mit stummen Gebärden ihren Jammer
ausdrücken.)

FÜNFTER AUFTRITT

Margareta Kurl zu den Vorigen. Sie trägt einen goldnen
Becher mit Wein und setzt ihn auf den Tisch, indem sie
sich bleich und zitternd an einen Stuhl hält.

M e l v i l. Was ist Euch, Mistreß? Was entsetzt Euch so?
K u r l. O Gott!
B u r g o y n.   Was habt Ihr?
K u r l.   Was mußt' ich erblicken!
M e l v i l. Kommt zu Euch! Sagt uns, was es ist.
K u r l.   Als ich
   Mit diesem Becher Wein die große Treppe
   Heraufstieg, die zur untern Halle führt,
   Da tat die Tür sich auf – ich sah hinein –
   Ich sah – o Gott!
M e l v i l.   Was saht Ihr? Fasset Euch!   3470
K u r l. Schwarz überzogen waren alle Wände,
   Ein groß Gerüst, mit schwarzem Tuch beschlagen,
   Erhob sich von dem Boden, mittendrauf
   Ein schwarzer Block, ein Kissen und daneben
   Ein blankgeschliffnes Beil – Voll Menschen war
   Der Saal, die um das Mordgerüst sich drängten
   Und, heiße Blutgier in dem Blick, das Opfer
   Erwarteten.
D i e K a m m e r f r a u e n.
                  O Gott sei unsrer Lady gnädig!
M e l v i l. Faßt euch! Sie kommt!

SECHSTER AUFTRITT

Die Vorigen. Maria. Sie ist weiß und festlich gekleidet,
am Halse trägt sie an einer Kette von kleinen Kugeln ein
Agnus Dei, ein Rosenkranz hängt am Gürtel herab, sie
hat ein Kruzifix in der Hand und ein Diadem in den
Haaren, ihr großer schwarzer Schleier ist zurückgeschla-
gen. Bei ihrem Eintritt weichen die Anwesenden zu bei-
den Seiten zurück und drücken den heftigsten Schmerz
aus. Melvil ist mit einer unwillkürlichen Bewegung auf
die Knie gesunken.

Maria *(mit ruhiger Hoheit im ganzen Kreise herum-*
sehend).
   Was klagt ihr? Warum weint ihr? Freuen solltet   3480
   Ihr euch mit mir, daß meiner Leiden Ziel
   Nun endlich naht, daß meine Bande fallen,
   Mein Kerker aufgeht und die frohe Seele sich
   Auf Engelsflügeln schwingt zur ew'gen Freiheit.
   Da, als ich in die Macht der stolzen Feindin
   Gegeben war, Unwürdiges erduldend,
   Was einer freien großen Königin
   Nicht ziemt, da war es Zeit, um mich zu weinen!
   – Wohltätig, heilend nahet mir der Tod,
   Der ernste Freund! Mit seinen schwarzen Flügeln   3490
   Bedeckt er meine Schmach – den Menschen adelt,
   Den tiefstgesunkenen, das letzte Schicksal.
   Die Krone fühl ich wieder auf dem Haupt,
   Den würd'gen Stolz in meiner edeln Seele!
   (Indem sie einige Schritte weiter vortritt.)
   Wie? Melvil hier? – Nicht also, edler Sir!
   Steht auf! Ihr seid zu Eurer Königin
   Triumph, zu ihrem Tode nicht gekommen.
   Mir wird ein Glück zuteil, wie ich es nimmer
   Gehoffet, daß mein Nachruhm doch nicht ganz   3500
   In meiner Feinde Händen ist, daß doch
   Ein Freund mir, ein Bekenner meines Glaubens,
   Als Zeuge dasteht in der Todesstunde.
   – Sagt, edler Ritter! Wie erging es Euch
   In diesem feindlichen, unholden Lande,
   Seitdem man Euch von meiner Seite riß?
   Die Sorg' um Euch hat oft mein Herz bekümmert.
Melvil.
   Mich drückte sonst kein Mangel als der Schmerz
   Um dich, und meine Ohnmacht, dir zu dienen.
Maria.
   Wie steht's um Didier, meinen alten Kämmrer?
   Doch der Getreue schläft wohl lange schon   3510
   Den ew'gen Schlaf, denn er war hoch an Jahren.
Melvil.
   Gott hat ihm diese Gnade nicht erzeigt,
   Er lebt, um deine Jugend zu begraben.

M a r i a. Daß mir vor meinem Tode noch das Glück
 Geworden wäre, ein geliebtes Haupt
 Der teuern Blutsverwandten zu umfassen!
 Doch ich soll sterben unter Fremdlingen,
 Nur eure Tränen soll ich fließen sehn!
 – Melvil, die letzten Wünsche für die Meinen
 Leg ich in Eure treue Brust – Ich segne   3520
 Den allerchristlichsten König, meinen Schwager,
 Und Frankreichs ganzes königliches Haus –
 Ich segne meinen Ohm, den Kardinal,
 Und Heinrich Guise, meinen edlen Vetter.
 Ich segne auch den Papst, den heiligen
 Statthalter Christi, der mich wiedersegnet,
 Und den kathol'schen König, der sich edelmütig
 Zu meinem Retter, meinem Rächer anbot –
 Sie alle stehn in meinem Testament,
 Sie werden die Geschenke meiner Liebe,   3530
 Wie arm sie sind, darum gering nicht achten.
 (Sich zu ihren Dienern wendend.)
 Euch hab ich meinem königlichen Bruder
 Von Frankreich anempfohlen, er wird sorgen
 Für euch, ein neues Vaterland euch geben.
 Und ist euch meine letzte Bitte wert,
 Bleibt nicht in England, daß der Brite nicht
 Sein stolzes Herz an eurem Unglück weide,
 Nicht *die* im Staube seh', die *mir* gedient.
 Bei diesem Bildnis des Gekreuzigten
 Gelobet mir, dies unglücksel'ge Land   3540
 Alsbald, wenn ich dahin bin, zu verlassen!
M e l v i l *(berührt das Kruzifix).*
 Ich schwöre dir's im Namen dieser aller.
M a r i a. Was ich, die Arme, die Beraubte, noch besaß,
 Worüber mir vergönnt ist frei zu schalten,
 Das hab ich unter euch verteilt; man wird,
 Ich hoff es, meinen letzten Willen ehren.
 Auch was ich auf dem Todeswege trage,
 Gehöret euch – Vergönnet mir noch einmal
 Der Erde Glanz auf meinem Weg zum Himmel!
 (Zu den Fräulein.)
 Dir, meine Alix, Gertrud, Rosamund,   3550

Bestimm' ich meine Perlen, meine Kleider,
Denn eure Jugend freut sich noch des Putzes.
Du, Margareta, hast das nächste Recht
An meine Großmut, denn ich lasse dich
Zurück als die Unglücklichste von allen.
Daß ich des Gatten Schuld an dir nicht räche,
Wird mein Vermächtnis offenbaren – Dich,
O meine treue Hanna, reizet nicht
Der Wert des Goldes, nicht der Steine Pracht,
Dir ist das höchste Kleinod mein Gedächtnis.   3560
Nimm dieses Tuch! Ich hab's mit eigner Hand
Für dich gestickt in meines Kummers Stunden
Und meine heißen Tränen eingewoben.
Mit diesem Tuch wirst du die Augen mir verbinden,
Wenn es soweit ist – diesen letzten Dienst
Wünsch ich von meiner Hanna zu empfangen.
Kennedy.
O Melvil! Ich ertrag es nicht!
Maria.   Kommt alle!
Kommt und empfangt mein letztes Lebewohl.
(Sie reicht ihre Hände hin, eins nach dem andern fällt ihr
zu Füßen und küßt die dargebotne Hand unter heftigem
Weinen.)
Leb wohl, *Margareta – Alix,* lebe wohl –
Dank, *Bourgoyn,* für Eure treuen Dienste –   3570
Dein Mund brennt heiß, *Gertrude* – Ich bin viel
Gehasset worden, doch auch viel geliebt!
Ein edler Mann beglücke meine Gertrud,
Denn Liebe fordert dieses glühnde Herz –
Berta! Du hast das beßre Teil erwählt,
Die keusche Braut des Himmels willst du werden!
O eile, dein Gelübde zu vollziehn!
Betrüglich sind die Güter dieser Erden,
Das lern an deiner Königin! – Nichts weiter!
Lebt wohl! Lebt wohl! Lebt ewig wohl!   3580
(Sie wendet sich schnell von ihnen, alle bis auf Melvil ent-
fernen sich.)

SIEBENTER AUFTRITT

Maria. Melvil.

M a r i a. Ich habe alles Zeitliche berichtigt
    Und hoffe, keines Menschen Schuldnerin
    Aus dieser Welt zu scheiden – Eins nur ist's,
    Melvil, was der beklemmten Seele noch
    Verwehrt, sich frei und freudig zu erheben.
M e l v i l. Entdecke mir's. Erleichtre deine Brust,
    Dem treuen Freund vertraue deine Sorgen.
M a r i a. Ich stehe an dem Rand der Ewigkeit,
    Bald soll ich treten vor den höchsten Richter,
    Und noch hab ich den Heil'gen nicht versöhnt.   3590
    Versagt ist mir der Priester meiner Kirche.
    Des Sakramentes heil'ge Himmelspeise
    Verschmäh ich aus den Händen falscher Priester.
    Im Glauben meiner Kirche will ich sterben,
    Denn der allein ist's, welcher selig macht.
M e l v i l. Beruhige dein Herz. Dem Himmel gilt
    Der feurig fromme Wunsch statt des Vollbringens.
    Tyrannenmacht kann nur die Hände fesseln,
    Des Herzens Andacht hebt sich frei zu Gott;
    Das Wort ist tot, der Glaube macht lebendig.   3600
M a r i a. Ach Melvil! Nicht allein genug ist sich
    Das Herz, ein irdisch Pfand bedarf der Glaube,
    Das hohe Himmlische sich zuzueignen.
    Drum ward der Gott zum Menschen und verschloß
    Die unsichtbaren himmlischen Geschenke
    Geheimnisvoll in einem sichtbarn Leib.
    – Die Kirche ist's, die heilige, die hohe,
    Die zu dem Himmel uns die Leiter baut;
    Die allgemeine, die kathol'sche heißt sie:
    Denn nur der Glaube aller stärkt den Glauben;   3610
    Wo Tausende anbeten und verehren,
    Da wird die Glut zur Flamme, und beflügelt
    Schwingt sich der Geist in alle Himmel auf.
    – Ach die Beglückten, die das froh geteilte
    Gebet versammelt in dem Haus des Herrn!
    Geschmückt ist der Altar, die Kerzen leuchten,
    Die Glocke tönt, der Weihrauch ist gestreut,

Der Bischof steht im reinen Meßgewand,
Er faßt den Kelch, er segnet ihn, er kündet
Das hohe Wunder der Verwandlung an,   3620
Und niederstürzt dem gegenwärt'gen Gotte
Das gläubig überzeugte Volk – Ach! Ich
Allein bin ausgeschlossen, nicht zu mir
In meinen Kerker dringt der Himmelsegen.

M e l v i l. Er dringt zu dir! Er ist dir nah! Vertraue
Dem Allvermögenden – der dürre Stab
Kann Zweige treiben in des Glaubens Hand!
Und der die Quelle aus dem Felsen schlug,
Kann dir im Kerker den Altar bereiten,
Kann *diesen* Kelch, die irdische Erquickung,   3630
Dir schnell in eine himmlische verwandeln.
(Er ergreift den Kelch, der auf dem Tische steht.)

M a r i a. Melvil! Versteh ich Euch? Ja! Ich versteh Euch!
Hier ist kein Priester, keine Kirche, kein
Hochwürdiges – Doch der Erlöser spricht:
»Wo zwei versammelt sind in *meinem* Namen,
Da bin ich gegenwärtig unter ihnen.«
Was weiht den Priester ein zum Mund des Herrn?
Das reine Herz, der unbefleckte Wandel.
– So seid *Ihr* mir, auch ungeweiht, ein Priester,
Ein Bote Gottes, der mir Frieden bringt.   3640
– Euch will ich meine letzte Beichte tun,
Und Euer Mund soll mir das Heil verkünden.

M e l v i l. Wenn dich das Herz so mächtig dazu treibt,
So wisse, Königin, daß dir zum Troste
Gott auch ein Wunder wohl verrichten kann.
Hier sei kein Priester, sagst du, keine Kirche,
Kein Leib des Herrn? – Du irrest dich. Hier *ist*
Ein Priester, und ein Gott ist hier zugegen.
*(Er entblößt bei diesen Worten das Haupt, zugleich
zeigt er ihr eine Hostie in einer goldenen Schale.)*
– Ich bin ein Priester; deine letzte Beichte
Zu hören, dir auf deinem Todesweg   3650
Den Frieden zu verkündigen, hab ich
Die sieben Weihn auf meinem Haupt empfangen,
Und diese Hostie überbring ich dir
Vom Heil'gen Vater, die er selbst geweiht.

Maria. O so muß an der Schwelle selbst des Todes
Mir noch ein himmlisch Glück bereitet sein!
Wie ein Unsterblicher auf goldnen Wolken
Hernniederfährt, wie den Apostel einst
Der Engel führte aus des Kerkers Banden,
Ihn hält kein Riegel, keines Hüters Schwert,   3660
Er schreitet mächtig durch verschloßne Pforten,
Und im Gefängnis steht er glänzend da –
So überrascht mich hier der Himmelsbote,
Da jeder ird'sche Retter mich getäuscht!
– Und Ihr, *mein* Diener einst, seid jetzt der Diener
Des höchsten Gottes und sein heil'ger Mund!
Wie Eure Kniee sonst vor mir sich beugten,
So lieg ich jetzt im Staub vor Euch.
(Sie sinkt vor ihm nieder.)
Melvil *(indem er das Zeichen des Kreuzes über sie
macht).*   Im Namen
Des Vaters und des Sohnes und des Geistes!
Maria, Königin! Hast du dein Herz   3670
Erforschet, schwörst du und gelobest du,
Wahrheit zu beichten vor dem Gott der Wahrheit?
Maria. Mein Herz liegt offen da vor dir und ihm.
Melvil. Sprich, welcher Sünde zeiht dich dein Gewissen,
Seitdem du Gott zum letztenmal versöhnt?
Maria. Von neid'schem Hasse war mein Herz erfüllt,
Und Rachgedanken tobten in dem Busen.
Vergebung hofft' ich Sünderin von Gott
Und konnte nicht der Gegnerin vergeben.
Melvil.
Bereuest du die Schuld, und ist's dein ernster   3680
Entschluß, versöhnt aus dieser Welt zu scheiden?
Maria. So wahr ich hoffe, daß mir Gott vergebe.
Melvil. Welch andrer Sünde klagt das Herz dich an?
Maria.
Ach, nicht durch *Haß* allein, durch sünd'ge *Liebe*
Noch mehr hab ich das höchste Gut beleidigt.
Das eitle Herz ward zu dem Mann gezogen,
Der treulos mich verlassen und betrogen!
Melvil. Bereuest du die Schuld, und hat dein Herz
Vom eiteln Abgott sich zu Gott gewendet?

M a r i a. Es war der schwerste Kampf, den ich bestand,
  Zerrissen ist das letzte ird'sche Band.   3691
M e l v i l.
  Welch andrer Schuld verklagt dich dein Gewissen?
M a r i a. Ach, eine frühe Blutschuld, längst gebeichtet,
  Sie kehrt zurück mit neuer Schreckenskraft
  Im Augenblick der letzten Rechenschaft
  Und wälzt sich schwarz mir vor des Himmels Pforten:
  Den König, meinen Gatten, ließ ich morden,
  Und dem Verführer schenkt' ich Herz und Hand!
  Streng büßt' ich's ab mit allen Kirchenstrafen,
  Doch in der Seele will der Wurm nicht schlafen.   3700
M e l v i l. Verklagt das Herz dich keiner andern Sünde,
  Die du noch nicht gebeichtet und gebüßt?
M a r i a. Jetzt weißt du alles, was mein Herz belastet.
M e l v i l. Denk an die Nähe des Allwissenden!
  Der Strafen denke, die die heil'ge Kirche
  Der mangelhaften Beichte droht! Das ist
  Die Sünde zu dem ew'gen Tod, denn das
  Ist wider seinen Heil'gen Geist gefrevelt!
M a r i a. So schenke mir die ew'ge Gnade Sieg
  Im letzten Kampf, als ich dir wissend nichts verschwieg.
M e l v i l.
  Wie? deinem Gott verhehlst du das Verbrechen,   3711
  Um dessentwillen dich die Menschen strafen?
  Du sagst mir nichts von deinem blut'gen Anteil
  An Babingtons und Parrys Hochverrat?
  Den zeitlichen Tod stirbst du für diese Tat,
  Willst du auch noch den ew'gen dafür sterben?
M a r i a. Ich bin bereit, zur Ewigkeit zu gehn;
  Noch eh' sich der Minutenzeiger wendet,
  Werd ich vor meines Richters Throne stehn,
  Doch wiederhol ich's: meine Beichte ist vollendet.   3720
M e l v i l. Erwäg es wohl. Das Herz ist ein Betrüger.
  Du hast vielleicht mit list'gem Doppelsinn
  Das *Wort* vermieden, das dich schuldig macht,
  Obgleich der *Wille* das Verbrechen teilte.
  Doch wisse, keine Gaukelkunst berückt
  Das Flammenauge, das ins Innre blickt!
M a r i a. Ich habe alle Fürsten aufgeboten,

Mich aus unwürd'gen Banden zu befrein,
Doch nie hab ich durch Vorsatz oder Tat
Das Leben meiner Feindin angetastet!   3730

M e l v i l. So hätten deine Schreiber falsch gezeugt?

M a r i a. Wie ich gesagt, so ist's. Was jene zeugten,
Das richte Gott!

M e l v i l.   So steigst du, überzeugt
Von deiner Unschuld, auf das Blutgerüste?

M a r i a.
Gott würdigt mich, durch diesen unverdienten Tod
Die frühe schwere Blutschuld abzubüßen.

M e l v i l *(macht den Segen über sie)*.
So gehe hin und sterbend büße sie!
Sink, ein ergebnes Opfer, am Altare –
Blut kann versöhnen, was das Blut verbrach;
Du fehltest nur aus weiblichem Gebrechen,   3740
Dem sel'gen Geiste folgen nicht die Schwächen
Der Sterblichkeit in die Verklärung nach.
Ich aber künde dir, kraft der Gewalt,
Die mir verliehen ist, zu lösen und zu binden,
Erlassung an von allen deinen Sünden!
Wie du geglaubet, so geschehe dir!
(Er reicht ihr die Hostie.)
Nimm hin den Leib, er ist für dich geopfert!
*(Er ergreift den Kelch, der auf dem Tische steht, konse-
kriert ihn mit stillem Gebet, dann reicht er ihr denselben.
Sie zögert, ihn anzunehmen, und weist ihn mit der Hand
zurück.)*
Nimm hin das Blut, es ist für dich vergossen!
Nimm hin! Der Papst erzeigt dir diese Gunst!
Im Tode noch sollst du das höchste Recht   3750
Der Könige, das priesterliche, üben!
           (Sie empfängt den Kelch.)
Und wie du jetzt dich in dem ird'schen Leib
Geheimnisvoll mit deinem Gott verbunden,
So wirst du dort in seinem Freudenreich,
Wo keine Schuld mehr sein wird und kein Weinen,
Ein schön verklärter Engel, dich
Auf ewig mit dem Göttlichen vereinen.
(Er setzt den Kelch nieder. Auf ein Geräusch, das gehört

wird, bedeckt er sich das Haupt und geht an die Türe;
Maria bleibt in stiller Andacht auf den Knien liegen.)
M e l v i l (*zurückkommend*).
  Dir bleibt ein harter Kampf noch zu bestehn.
  Fühlst du dich stark genug, um jede Regung
  Der Bitterkeit, des Hasses zu besiegen?   3760
M a r i a. Ich fürchte keinen Rückfall. Meinen Haß
  Und meine Liebe hab ich Gott geopfert.
M e l v i l. Nun so bereite dich, die Lords von Leicester
  Und Burleigh zu empfangen. Sie sind da.

ACHTER AUFTRITT

Die Vorigen. Burleigh. Leicester und Paulet. Leicester
bleibt ganz in der Entfernung stehen, ohne die Augen
aufzuschlagen. Burleigh, der seine Fassung beobachtet,
tritt zwischen ihn und die Königin.

B u r l e i g h. Ich komme, Lady Stuart, Eure letzten
  Befehle zu empfangen.
M a r i a.   Dank, Mylord!
B u r l e i g h. Es ist der Wille meiner Königin,
  Daß Euch nichts Billiges verweigert werde.
M a r i a.
  Mein Testament nennt meine letzten Wünsche.
  Ich hab's in Ritter Paulets Hand gelegt   3770
  Und bitte, daß es treu vollzogen werde.
P a u l e t. Verlaßt Euch drauf.
M a r i a. Ich bitte, meine Diener ungekränkt
  Nach Schottland zu entlassen oder Frankreich,
  Wohin sie selber wünschen und begehren.
B u r l e i g h.
  Es sei, wie Ihr es wünscht.
M a r i a.   Und weil mein Leichnam
  Nicht in geweihter Erde ruhen soll,
  So dulde man, daß dieser treue Diener
  Mein Herz nach Frankreich bringe zu den Meinen.
  – Ach! Es war immer dort!
B u r l e i g h.   Es soll geschehn!   3780
  Habt Ihr noch sonst –

Maria.   Der Königin von England
  Bringt meinen schwesterlichen Gruß – Sagt ihr,
  Daß ich ihr meinen Tod von ganzem Herzen
  Vergebe, meine Heftigkeit von gestern
  Ihr reuevoll abbitte – Gott erhalte sie
  Und schenk ihr eine glückliche Regierung!
Burleigh.
  Sprecht! Habt Ihr noch nicht bessern Rat erwählt?
  Verschmäht Ihr noch den Beistand des Dechanten?
Maria.
  Ich bin mit meinem Gott versöhnt – Sir Paulet!
  Ich hab Euch schuldlos vieles Weh bereitet,   3790
  Des Alters Stütze Euch geraubt – O laßt
  Mich hoffen, daß Ihr meiner nicht mit Haß
  Gedenket –
Paulet *(gibt ihr die Hand)*.
                    Gott sei mit Euch! Gehet hin im Frieden!

NEUNTER AUFTRITT

*Die Vorigen. Hanna Kennedy und die andern Frauen der
Königin dringen herein mit Zeichen des Entsetzens; ihnen
folgt der Sheriff, einen weißen Stab in der Hand, hinter
demselben sieht man durch die offenbleibende Türe ge-
waffnete Männer.*

Maria. Was ist dir, Hanna? – Ja, nun ist es Zeit!
  Hier kommt der Sheriff, uns zum Tod zu führen!
  Es muß geschieden sein! Lebt wohl! lebt wohl!
*(Ihre Frauen hängen sich an sie mit heftigem Schmerz;
zu Melvil.)*
  Ihr, werter Sir, und meine treue Hanna
  Sollt mich auf diesem letzten Gang begleiten.
  Mylord versagt mir diese Wohltat nicht!
Burleigh. Ich habe dazu keine Vollmacht.
Maria.   Wie?   3800
  Die kleine Bitte könntet Ihr mir weigern?
  Habt Achtung gegen mein Geschlecht! Wer soll
  Den letzten Dienst mir leisten! Nimmermehr
  Kann es der Wille meiner Schwester sein,

Daß mein Geschlecht in mir beleidigt werde,
Der Männer rohe Hände mich berühren!
B u r l e i g h. Es darf kein Weib die Stufen des Gerüstes
Mit Euch besteigen – Ihr Geschrei und Jammern –
M a r i a. Sie soll nicht jammern! Ich verbürge mich
Für die gefaßte Seele meiner Hanna!   3810
Seid gütig, Lord. O trennt mich nicht im Sterben
Von meiner treuen Pflegerin und Amme!
Sie trug auf ihren Armen mich ins Leben,
Sie leite mich mit sanfter Hand zum Tod.
P a u l e t *(zu Burleigh).*
Laßt es geschehn.
B u r l e i g h.   Es sei.
M a r i a.   Nun hab ich nichts mehr
Auf dieser Welt – *(Sie nimmt das Kruzifix und küßt es.)*
                Mein Heiland! Mein Erlöser!
Wie du am Kreuz die Arme ausgespannt,
So breite sie jetzt aus, mich zu empfangen.
*(Sie wendet sich, zu gehen, in diesem Augenblick begegnet
ihr Auge dem Grafen Leicester, der bei ihrem Aufbruch
unwillkürlich aufgefahren und nach ihr hingesehen – Bei
diesem Anblick zittert Maria, die Knie versagen ihr, sie
ist im Begriff hinzusinken, da ergreift sie Graf Leicester
und empfängt sie in seinen Armen. Sie sieht ihn eine
Zeitlang ernst und schweigend an, er kann ihren Blick
nicht aushalten, endlich spricht sie.)*
Ihr haltet Wort, Graf Leicester – Ihr verspracht
Mir Euren Arm, aus diesem Kerker mich   3820
Zu führen, und Ihr leihet mir ihn jetzt!
*(Er steht wie vernichtet. Sie fährt mit sanfter Stimme
              fort.)*
Ja, Leicester, und nicht bloß
Die Freiheit wollt' ich Eurer Hand verdanken.
Ihr solltet mir die Freiheit *teuer* machen,
An Eurer Hand, beglückt durch Eure Liebe,
Wollt' ich des neuen Lebens mich erfreun.
Jetzt, da ich auf dem Weg bin, von der Welt
Zu scheiden und ein sel'ger Geist zu werden,
Den keine ird'sche Neigung mehr versucht,
Jetzt, Leicester, darf ich ohne Schamerröten   3830

Euch die besiegte Schwachheit eingestehn –
Lebt wohl, und wenn Ihr könnt, so lebt beglückt!
Ihr durftet werben um zwei Königinnen;
Ein zärtlich liebend Herz habt Ihr verschmäht,
Verraten, um ein stolzes zu gewinnen:
Kniet zu den Füßen der Elisabeth!
Mög' Euer Lohn nicht Eure Strafe werden!
Lebt wohl! – Jetzt hab ich nichts mehr auf der Erden!
*(Sie geht ab, der Sheriff voraus, Melvil und die Amme
ihr zur Seite, Burleigh und Paulet folgen; die übrigen
sehen ihr jammernd nach, bis sie verschwunden ist, dann
entfernen sie sich durch die zwei andern Türen.)*

ZEHNTER AUFTRITT

L e i c e s t e r *(allein zurückbleibend).*
Ich lebe noch! Ich trag es, noch zu leben!
Stürzt dieses Dach nicht sein Gewicht auf mich!   3840
Tut sich kein Schlund auf, das elendeste
Der Wesen zu verschlingen! *Was* hab ich
Verloren! Welche Perle warf ich hin!
Welch Glück der Himmel hab ich weggeschleudert!
– Sie geht dahin, ein schon verklärter Geist,
Und *mir* bleibt die Verzweiflung der Verdammten.
– Wo ist mein Vorsatz hin, mit dem ich kam,
Des Herzens Stimme fühllos zu ersticken?
Ihr fallend Haupt zu sehn mit unbewegten Blicken?
Weckt mir ihr Anblick die erstorbne Scham?   3850
Muß sie im Tod mit Liebesbanden mich umstricken?
– Verworfener, dir steht es nicht mehr an,
In zartem Mitleid weibisch hinzuschmelzen;
Der Liebe Glück liegt nicht auf *deiner* Bahn,
Mit einem ehrnen Harnisch angetan
Sei deine Brust, die Stirne sei ein Felsen!
Willst du den Preis der Schandtat nicht verlieren,
Dreist mußt du sie behaupten und vollführen!
Verstumme, Mitleid! Augen, werdet Stein!
Ich seh sie fallen, ich will Zeuge sein.   3860
(Er geht mit entschloßnem Schritt der Türe zu, durch

welche Maria gegangen, bleibt aber auf der Mitte des
Weges stehen.)
Umsonst! Umsonst! Mich faßt der Hölle Grauen,
Ich kann, ich kann das Schreckliche nicht schauen,
Kann sie nicht sterben sehen – Horch! Was war das?
Sie sind schon unten – Unter meinen Füßen
Bereitet sich das fürchterliche Werk.
Ich höre Stimmen – Fort! Hinweg! Hinweg
Aus diesem Haus des Schreckens und des Todes!
(Er will durch eine andre Tür entfliehen, findet sie
aber verschlossen und fährt zurück.)
Wie? Fesselt mich ein Gott an diesen Boden?
Muß ich anhören, was mir anzuschauen graut?
Die Stimme des Dechanten – Er ermahnet sie –   3870
– Sie unterbricht ihn – Horch! – Laut betet sie –
Mit fester Stimme – Es wird still – Ganz still!
Nur schluchzen hör ich und die Weiber weinen –
Sie wird entkleidet – Horch! Der Schemel wird
Gerückt – Sie kniet aufs Kissen – legt das Haupt –
(Nachdem er die letzten Worte mit steigender Angst ge-
sprochen und eine Weile innegehalten, sieht man ihn
plötzlich mit einer zuckenden Bewegung zusammenfah-
ren und ohnmächtig niedersinken, zugleich erschallt von
unten herauf ein dumpfes Getöse von Stimmen, welches
lange forthallt.)

Das zweite Zimmer des vierten Aufzugs.

ELFTER AUFTRITT

E l i s a b e t h *(tritt aus einer Seitentüre, ihr Gang und*
ihre Gebärden drücken die heftigste Unruhe aus).
Noch niemand hier – Noch keine Botschaft – Will es
Nicht Abend werden? Steht die Sonne fest
In ihrem himmlischen Lauf? – Ich soll noch länger
Auf dieser Folter der Erwartung liegen.
– *Ist* es geschehen? Ist es *nicht?* – Mir graut   3880
Vor beidem, und ich wage nicht, zu fragen!
Graf Leicester zeigt sich nicht, auch Burleigh nicht,

Die ich ernannt, das Urteil zu vollstrecken.
Sind sie von London abgereist – Dann ist's
Geschehn, der Pfeil ist abgedrückt, er fliegt,
Er trifft, er hat getroffen: gält's mein Reich,
Ich kann ihn nicht mehr halten – Wer ist da?

ZWÖLFTER AUFTRITT

Elisabeth. Ein Page.

E l i s a b e t h.
    Du kommst allein zurück – Wo sind die Lords?
P a g e.
    Mylord von Leicester und der Großschatzmeister –
E l i s a b e t h *(in der höchsten Spannung).*
    Wo sind sie?
P a g e.   Sie sind *nicht* in London.
E l i s a b e t h.   Nicht?   3890
    – Wo sind sie denn?
P a g e.   Das wußte niemand mir zu sagen.
    Vor Tages Anbruch hätten beide Lords
    Eilfertig und geheimnisvoll die Stadt
    Verlassen.
E l i s a b e t h *(lebhaft ausbrechend).*
            Ich bin Königin von England!
    (Auf und nieder gehend in der höchsten Bewegung.)
    Geh! Rufe mir – nein, bleibe – Sie ist tot!
    Jetzt endlich hab ich Raum auf dieser Erde.
    – Was zittr' ich? Was ergreift mich diese Angst?
    Das Grab deckt meine Furcht, und wer darf sagen,
    Ich hab's getan! Es soll an Tränen mir
    Nicht fehlen, die Gefallne zu beweinen!   3900
    (Zum Pagen.)
    Stehst du noch hier? – Mein Schreiber Davison
    Soll augenblicklich sich hieherverfügen.
    Schickt nach dem Grafen Shrewsbury – Da ist
    Er selbst!
            (Page geht ab.)

DREIZEHNTER AUFTRITT

Elisabeth. Graf Shrewsbury.

E l i s a b e t h. Willkommen, edler Lord. Was bringt Ihr?
　Nichts Kleines kann es sein, was Euren Schritt
　So spät hieherführt.
S h r e w s b u r y.　　Große Königin,
　Mein sorgenvolles Herz, um deinen Ruhm
　Bekümmert, trieb mich heute nach dem Tower,
　Wo Kurl und Nau, die Schreiber der Maria,
　Gefangen sitzen; denn noch einmal wollt' ich　　3910
　Die Wahrheit ihres Zeugnisses erproben.
　Bestürzt, verlegen weigert sich der Leutnant
　Des Turms, mir die Gefangenen zu zeigen;
　Durch Drohung nur verschafft' ich mir den Eintritt,
　– Gott, welcher Anblick zeigte mir sich da!
　Das Haar verwildert, mit des Wahnsinns Blicken,
　Wie ein von Furien Gequälter, lag
　Der Schotte Kurl auf seinem Lager – Kaum
　Erkennt mich der Unglückliche, so stürzt er
　Zu meinen Füßen – schreiend, meine Knie　　3920
　Umklammernd mit Verzweiflung, wie ein Wurm
　Vor mir gekrümmt – fleht er mich an, beschwört mich,
　Ihm seiner Königin Schicksal zu verkünden;
　Denn ein Gerücht, daß sie zum Tod verurteilt sei,
　War in des Towers Klüfte eingedrungen.
　Als ich ihm das bejahet nach der Wahrheit,
　Hinzugefügt, daß es *sein* Zeugnis sei,
　Wodurch sie sterbe, sprang er wütend auf,
　Fiel seinen Mitgefangnen an, riß ihn
　Zu Boden, mit des Wahnsinns Riesenkraft,　　3930
　Ihn zu erwürgen strebend. Kaum entrissen wir
　Den Unglücksel'gen seines Grimmes Händen.
　Nun kehrt' er gegen *sich* die Wut, zerschlug
　Mit grimm'gen Fäusten sich die Brust, verfluchte sich
　Und den Gefährten allen Höllengeistern:
　Er habe falsch gezeugt, die Unglücksbriefe
　An Babington, die er als echt beschworen,
　Sie seien falsch, er habe andre Worte
　Geschrieben, als die Königin diktiert,

Der Böswicht Nau hab' ihn dazu verleitet.   3940
Drauf rannt' er an das Fenster, riß es auf
Mit wütender Gewalt, schrie in die Gassen
Hinab, daß alles Volk zusammenlief,
Er sei der Schreiber der Maria, sei
Der Böswicht, der sie fälschlich angeklagt,
Er sei verflucht, er sei ein falscher Zeuge!

E l i s a b e t h. Ihr sagtet selbst, daß er von Sinnen war.
Die Worte eines Rasenden, Verrückten
Beweisen nichts.

S h r e w s b u r y. Doch dieser Wahnsinn selbst
Beweiset desto mehr! O Königin!   3950
Laß dich beschwören, übereile nichts,
Befiehl, daß man von neuem untersuche.

E l i s a b e t h.
Ich will es tun – weil Ihr es wünschet, Graf,
Nicht weil ich glauben kann, daß meine Peers
In dieser Sache übereilt gerichtet.
Euch zur Beruhigung erneure man
Die Untersuchung – Gut, daß es noch Zeit ist!
An unsrer königlichen Ehre soll
Auch nicht der Schatten eines Zweifels haften.

VIERZEHNTER AUFTRITT

Davison zu den Vorigen.

E l i s a b e t h. Das Urteil, Sir, das ich in Eure Hand 3960
Gelegt – Wo ist's?

D a v i s o n *(im höchsten Erstaunen).*
                    Das Urteil?

E l i s a b e t h.   Das ich gestern
Euch in Verwahrung gab –

D a v i s o n.   Mir in Verwahrung!

E l i s a b e t h.
Das Volk bestürmte mich, zu unterzeichnen,
Ich mußt' ihm seinen Willen tun, ich tat's,
Gezwungen tat ich's, und in Eure Hände
Legt' ich die Schrift, ich wollte Zeit gewinnen,
Ihr wißt, was ich Euch sagte – Nun! Gebt her!

S h r e w s b u r y.
   Gebt, werter Sir, die Sachen liegen anders,
   Die Untersuchung muß erneuert werden.
[D a v i s o n. Erneuert? Ewige Barmherzigkeit![1]]
E l i s a b e t h.
   Bedenkt Euch nicht so lang. Wo ist die Schrift?   3970
D a v i s o n *(in Verzweiflung)*.
   Ich bin gestürzt, ich bin ein Mann des Todes!
E l i s a b e t h *(hastig einfallend)*.
   Ich will nicht hoffen, Sir –
D a v i s o n.   Ich bin verloren!
   Ich hab sie nicht mehr.
E l i s a b e t h.   Wie? Was?
S h r e w s b u r y.   Gott im Himmel!
D a v i s o n.
   Sie ist in Burleighs Händen – schon seit gestern.
E l i s a b e t h. Unglücklicher! *So* habt Ihr mir gehorcht!
   Befal ich Euch nicht streng, sie zu verwahren?
D a v i s o n. Das hast du nicht befohlen, Königin.
E l i s a b e t h. Willst du mich Lügen strafen, Elender?
   Wann hieß ich dir die Schrift an Burleigh geben?
D a v i s o n.
   Nicht in bestimmten, klaren Worten – aber –   3980
E l i s a b e t h.
   Nichtswürdiger! Du wagst es, meine Worte
   Zu *deuten*? Deinen eignen blut'gen Sinn
   Hineinzulegen? – Wehe dir, wenn Unglück
   Aus dieser eigenmächt'gen Tat erfolgt,
   Mit deinem Leben sollst du mir's bezahlen.
   – Graf Shrewsbury, Ihr sehet, wie mein Name
   Gemißbraucht wird.
S h r e w s b u r y.   Ich sehe – O mein Gott!
E l i s a b e t h.
   Was sagt Ihr?
S h r e w s b u r y.   Wenn der Squire sich dieser Tat
   Vermessen hat auf eigene Gefahr
   Und ohne deine Wissenschaft gehandelt,   3990

1. Dieser Vers war zunächst im Theatermanuskript enthalten, erschien dann aber nicht im Druck – sei es aus Versehen, sei es wegen
seines wiederholenden Charakters aus Absicht.

So muß er vor den Richterstuhl der Peers
Gefordert werden, weil er deinen Namen
Dem Abscheu aller Zeiten preisgegeben.

LETZTER AUFTRITT

Die Vorigen. Burleigh, zuletzt Kent.

B u r l e i g h *(beugt ein Knie vor der Königin).*
    Lang lebe meine königliche Frau,
    Und mögen alle Feinde dieser Insel
    Wie diese Stuart enden!
(Shrewsbury verhüllt sein Gesicht, Davison ringt ver-
             zweiflungsvoll die Hände.)
E l i s a b e t h.   Redet, Lord!
    Habt Ihr den tödlichen Befehl von *mir*
    Empfangen?
B u r l e i g h.   Nein, Gebieterin! Ich empfing ihn
    Von Davison.
E l i s a b e t h.   Hat Davison ihn Euch
    In meinem Namen übergeben?   4000
B u r l e i g h.   Nein!
    Das hat er nicht –
E l i s a b e t h.   Und Ihr vollstrecktet ihn,
    Rasch, ohne meinen Willen erst zu wissen?
    Das Urteil war gerecht, die Welt kann uns
    Nicht tadeln, aber Euch gebührte nicht,
    Der Milde unsres Herzens vorzugreifen –
    Drum seid verbannt von unserm Angesicht!
    (Zu Davison.)
    Ein strengeres Gericht erwartet Euch,
    Der seine Vollmacht frevelnd überschritten,
    Ein heilig anvertrautes Pfand veruntreut.
    Man führ' ihn nach dem Tower, es ist mein Wille,   4010
    Daß man auf Leib und Leben ihn verklage.
    – Mein edler Talbot! Euch allein hab ich
    Gerecht erfunden unter meinen Räten,
    Ihr sollt fortan mein Führer sein, mein Freund –
S h r e w s b u r y.
    Verbanne deine treusten Freunde nicht,

Wirf sie *nicht* ins Gefängnis, die für dich
Gehandelt haben, die jetzt für dich schweigen.
– Mir aber, große Königin, erlaube,
Daß ich das Siegel, das du mir zwölf Jahre
Vertraut, zurück in deine Hände gebe.   4020
E l i s a b e t h *(betroffen).*
Nein, Shrewsbury! Ihr werdet mich jetzt nicht
Verlassen, jetzt –
S h r e w s b u r y. Verzeih, ich bin zu alt,
Und diese grade Hand, sie ist zu starr,
Um deine neuen Taten zu versiegeln.
E l i s a b e t h. Verlassen wollte mich der Mann, der mir
Das Leben rettete?
S h r e w s b u r y.   Ich habe wenig
Getan – Ich habe deinen edlern Teil
Nicht retten können. Lebe, herrsche glücklich!
Die Gegnerin ist tot. Du hast von nun an
Nichts mehr zu fürchten, brauchst nichts mehr zu
                                                    achten.   4030
(Geht ab.)
E l i s a b e t h *(zum Grafen Kent, der hereintritt).*
Graf Leicester komme her!
K e n t.   Der Lord läßt sich
Entschuldigen, er ist zu Schiff nach Frankreich.
(Sie bezwingt sich und steht mit ruhiger Fassung da. Der
Vorhang fällt.)

ANMERKUNGEN

Der Text der vorliegenden Ausgabe folgt: Friedrich Schiller. Sämtliche Werke. Säkular-Ausgabe in sechzehn Bänden. Sechster Band. Herausgegeben von Julius Petersen. Stuttgart/Berlin: Cotta, [1904]. – Die Orthographie wurde behutsam dem heutigen Stand angeglichen.

Personen

Elisabeth ... Maria Stuart: Zur Zeit der Dramenhandlung war die historische Elisabeth 53 (geb. 7. September 1533) und die historische Maria 44 Jahre alt (geb. 8. Dezember 1542). Schiller lag jedoch daran, daß die Rollen von jungen Schauspielerinnen gespielt wurden. Elisabeth sollte »in diesem Stück noch eine junge Frau« sein, »welche Ansprüche machen darf« (*Schillers Werke. Nationalausgabe,* hrsg. von Lieselotte Blumenthal und Benno von Wiese, Bd. 30, Weimar 1961, S. 164).

Robert Dudley: D. (1531?–88) war langjähriger Favorit Elisabeths, den sie eine Zeitlang zu heiraten beabsichtigte und 1564 als Ehemann für Maria Stuart vorschlug.

Georg Talbot: George T. (1528?–90), 1569–84 Hüter der Maria. Seine Rolle als Verteidiger Marias im Gegensatz zu Cecil ist Schillers dramatische Erfindung.

Wilhelm Cecil: William C. (1520–98), macht unter Elisabeth eine große Karriere als loyaler und geschickter Politiker; jahrzehntelang die beherrschende Figur der englischen Politik.

Graf von Kent: Henry Grey (1541–1615), Baron von Ruthyn, Graf von K. Politisch offenbar nur durch seine Rolle beim Prozeß gegen Maria Stuart hervorgetreten.

Wilhelm Davison: William D. (1541?–1608), englischer Politiker, seit der Hinrichtung Maria Stuarts in Ungnade.

Amias Paulet: P. (1536?–88) war englischer Politiker, Gouverneur der Kanalinseln, Botschafter in Frankreich, seit Januar 1585 Hüter der Maria Stuart, strenger Protestant.

Mortimer: neben Okelly die einzige fiktive Gestalt des Stücks.

Drugeon Drury: D. (1531?–1617) wird im November 1586 Paulet als zweiter Hüter Marias beigeordnet, später Leutnant des Towers.

Melvil: einer der vier Brüder, die man wegen ihrer Treue zu Maria Stuart »the loyal Melvils« nannte.

Hanna Kennedy: während der ganzen Gefangenschaft Marias ihre vertrauteste Kammerfrau. Zur Amme macht Schiller sie wohl, um die Gefühlsbindung zwischen beiden zu verstärken.

Margareta Kurl: eigtl. Barbara Curle, geb. Mowbray, eine Schottin, die 1584 in Marias Dienste trat und 1585 deren Sekretär Gilbert Curle heiratete.

Sheriff: Zusammenziehung aus engl. *shire reeve* ›Bezirksrichter‹; Rechtsbeauftragter des Königs in den einzelnen Bezirken. Er leitete die Gerichtsverhandlungen, zog Steuern ein, verhaftete und vollzog die Strafen, war also auch für die Durchführung der Hinrichtungen zuständig.

Trabanten: Leibwächter, begleitende Schutzwache.

Erster Aufzug

Schloß zu Fotheringhay: Altes, aus der Normannenzeit stammendes Schloß des Hauses York in Northamptonshire, etwa 100 km nördlich von London, wurde unter den Tudor-Herrschern als Staatsgefängnis benutzt. Maria wurde am 15. September 1586 dort einquartiert und blieb darin bis zu ihrem Tod.

9 *Lady:* Anrede der Königin und der adligen Frau.

nach 17 *Ressort:* (frz.) Springfeder; Fach, das sich durch den Druck einer Feder öffnet.

19 *Lilien von Frankreich:* Drei goldene Lilien auf blauem Grund bilden seit 1179 die Wappenfigur der französischen Könige. Sie waren wohl urspr. stilisierte Speerspitzen.

23 *Gewehr:* Waffe, noch im Sinne der allgemeineren mittelhochdeutschen Bedeutung, die sich bis ins 19. Jh. gehalten hat.

37 *So speiste sie zu Sterlyn ihren Gatten:* Marias Ehemann Lord Darnley (vgl. Anm. zu V. 272) beschloß nach der Taufe des

Kronprinzen, sich zu seinem Vater nach Glasgow zurückzuziehen. Auf diesen Entschluß reagierte Maria, indem sie alles Silbergeschirr durch Zinn ersetzen ließ.

47 *in der Wiege Königin:* Maria wurde am 8. Dezember 1542 geboren, am 12. Dezember starb ihr Vater. Sie war also schon fünf Tage nach ihrer Geburt Königin.

48 *Am üpp'gen Hof der Mediceerin:* am französischen Königshof. Die »Mediceerin« ist Katharina von Medici (1519–89), die Witwe Heinrichs II. und dominierende Gestalt der französischen Politik 1559–89, da nacheinander ihre schwachen Söhne Franz II. – Marias Mann –, Karl IX. und Heinrich III. Könige waren. Der französische Hof galt als prachtvollste und kultivierteste, aber auch dekadenteste Renaissance-Residenz. Maria lebte 1548–61 in Frankreich.

61 f. *In England ... frevelte:* Der kurze Satzaustausch trifft ins Zentrum des Rechtskonflikts: Maria als souveräne Fürstin vertrat nach der Rechtstheorie der Zeit (vgl. Anm. zu V. 3149 f.) den Standpunkt: 1. England hat keinerlei Rechtsgewalt über sie; sie brauche sich daher keinem Gericht zu stellen. 2. Auch der schottische Adel könne sie nicht richten, da sie als Souverän alle Rechtsinstitutionen eingesetzt habe und daher auch wieder auflösen könne. – Die englische Regierung hatte durch den »Act for the Queen's Savety« (dem »Gesetz für die Sicherheit der Königin«: strafbar machte sich nicht nur, wer der Königin nach dem Leben trachtete, sondern auch, zu wessen Gunsten dies geschah; vgl. V. 847–854) das Rechtsinstrument geschaffen, um Maria zu verurteilen, und hielt ihr vor, sie habe sich ja mit ihrer Flucht freiwillig der englischen Rechtshoheit unterworfen.

64 f. *Doch wußte ... Welt:* Maria unterhielt bis 1586 Korrespondenzen sogar ins Ausland. Ihre Briefe wurden allerdings vom englischen Geheimdienst abgefangen, dechiffriert und im Prozeß gegen sie verwendet.

70 *Parry:* Dr. jur. William P., ein ehemaliger Agent des englischen Geheimdienstes, hatte in Frankreich mit Marias Botschafter Morgan (vgl. Anm. zu V. 496) den Plan gefaßt, Elisabeth zu ermorden. Parry kam Anfang 1584 nach England zurück und wurde sogar Parlamentsmitglied. Ein Kollege klagte ihn an, und er wurde im Februar 1585 verhaftet.
Babington: Anthony B. war der Führer einer Gruppe junger Katholiken, die, beeinflußt von Marias Botschafter in Frank-

reich und dem Priester John Ballard, beschlossen, Elisabeth zu beseitigen und Maria auf den englischen Thron zu setzen. Der englische Geheimdienst war von Anfang an im Bilde und bekam den heimlichen Briefwechsel zwischen Maria und Babington in die Hand, in dem auf beiden Seiten von dem Anschlag auf Elisabeth die Rede war. Babington und seine Freunde wurden im August 1586 verhaftet, nach dem »Act for the Queen's Savety« (vgl. Anm zu V. 61 f.) verurteilt und auf grausame Weise hingerichtet. Die Verschwörung führte unmittelbar zum Verfahren gegen Maria selbst, die ihre Beteiligung an Anschlägen auf Elisabeth leugnete. Vgl. V. 644, 839–842, 987, 1875, 3714, 3729 f., 3937 f.

73–75 *Norfolk ... Henkerbeil:* Thomas Howard, vierter Herzog von N., einziger Herzog und damit ranghöchster Aristokrat Englands. Protestant, aber durch seine riesigen Besitzungen im Norden Englands natürlicher Führer dieses vorwiegend katholischen Landesteils. Plante, Maria zu heiraten, und unternahm mehrere Versuche zu ihrer Befreiung, weshalb er 1572 hingerichtet wurde.

79 *Blutgerüste:* zur Hinrichtung eigens aufgeschlagenes Podium.

89 *Verwandten:* Elisabeth war eine Enkelin, Maria eine Urenkelin Heinrichs VII. von England. Elisabeth war also Marias Tante. Vgl. V. 519 f.

102 *Der spanischen Maria:* Elisabeths ältere Halbschwester und Vorgängerin auf dem Thron (1553–58). Sie war mit Philipp II. von Spanien verheiratet, hatte den Katholizismus in England wieder eingeführt und – wofür sie den Beinamen »die Blutige« erhielt – prominente Protestanten verfolgt. Vgl. V. 3205 f.

105–107 *Warum ... aufzugeben:* 1560 schloß Elisabeth mit dem schottischen Adel den Vertrag von Edinburgh, nach dem sie als englischer Souverän anerkannt wird und alle ausländischen Truppen Schottland verlassen sollten. Maria hatte diesen Vertrag nie anerkannt.

169 *eine Unterredung mit ihr selbst:* Die Bemerkung bereitet die Begegnung der beiden Königinnen in III,4 vor, die aber historischen Hintergrund: Pläne der Königinnen, sich zu treffen, gab es, seit Maria in Schottland regierte, also seit 1562. Sie wurden aber stets durch die politischen Umstände

oder persönlichen Ärger verhindert. Bis kurz vor ihrem Tod hat Maria immer wieder in Briefen um ein Gespräch nachgesucht.

187 *Dechant:* griech.-lat. *decanus* ›Vorsteher von Zehn‹; vom Bischof ernannter, den einzelnen Ortspfarrern übergeordneter Kirchenbeamter.

189 *meiner eignen Kirche:* der römisch-katholischen.

190 *Notarien:* lat. *notarius* ›Schreiber‹; vom Staat bestellte Amtsperson, die Rechtsdokumente ausstellen und beglaubigen darf.

217 *die vierzig Kommissarien:* von mlat. *commissarius* ›Beauftragter‹. Das Gericht, das im Oktober 1586 über Maria tagte, bestand tatsächlich aus 45 Richtern, von denen 42 ein Votum abgaben – bis auf einen stimmten alle mit »schuldig«.

243 *Gerichtshof in Westminsterhall:* Das Todesurteil gegen Maria wurde am 25. Oktober 1586 in London gefällt. Westminsterhall ist der Sitz des Parlaments und der obersten Gerichte.

244 *Hattons:* Sir Christopher Hatton (1540–91), seit 1587 Lordkanzler von England, Vorsitzender des Gerichts.

245 *urteln:* ältere Nebenform zu *urteilen;* vgl. V. 978 *Urtelspruch.*

259 *Reims:* Krönungsstadt der französischen Könige im Osten Frankreichs, damals Zentrum des Einflusses der Guise und des englischen Exilkatholizismus. Vgl. Anm. zu V. 493–495.

272 *der blut'ge Schatten König Darnleys:* Marias zweiter Mann, Henry Stuart, Lord Darnley, wurde 1567 ermordet. Sie selbst und ihr dritter Ehemann, der Graf von Bothwell (vgl. Anm. zu V. 327), wurden verdächtigt, an dem Mord beteiligt gewesen zu sein.

290 *Hochwürdiges:* die geweihte Hostie.

327 *Bothwell:* James Hepburn, Graf von B. (1536?–78), Führer der anti-englischen Fraktion des schottischen Adels; vgl. Anm. zu V. 272.

344 *Blödigkeit:* hier: Schüchternheit.

387 *Kardinal von Lothringen:* Karl, Kardinal von L. und Erzbischof von Reims (1524–74), Bruder von Marias Mutter Marie von Guise (1525–60). Er finanzierte den katholischen Widerstand in England mit und hatte starken erzieherischen Einfluß auf seine Nichte, solange sie in Frankreich lebte.

394 *Mortimer (sich ihr zu Füßen werfend):* Mit bemerkenswer-

ter Intuition verkörpert Schiller in Mortimer die romantische Einstellung der jungen katholischen Generation in England gegenüber Maria Stuart, die mit dem Geist der Gegenreformation identifiziert und als katholische Fürstin, die im englisch-protestantischen Verlies schmachtete, verehrt wurde.

414 *Puritaner:* von lat. *purus* ›rein‹. Seit etwa 1560 diejenigen englischen Protestanten, die im Geiste des Calvinismus der Kirche ihre evangelische Reinheit wiedergeben wollten. Ihre sittlichen Ideale waren strenge Selbstzucht und verstandesmäßige Beherrschung des Trieblebens.

418 *die Zeit des großen Kirchenfests:* wahrscheinlich Ostern, worauf auch der päpstliche Segen »urbi et orbi« (V. 445) hindeutet.

482 *den Sitzungen der Väter:* Konzilien, Versammlungen kirchlicher Würdenträger, die Glaubensfragen diskutierten.

485 *Suada:* römischer Name der griechischen Göttin der Überredung Peitho, daher ›überzeugender Redefluß‹.

490 *Prediger des Berges:* Jesus bei der Bergpredigt; vgl. Mt. 5–7.

493–495 *Reims ... auferzieht:* In Reims hatte der englische Katholik Dr. William Allen (1532–94) mit Unterstützung des Herzogs von Guise, also Marias Onkel, ein Seminar aufgebaut, das englische Emigranten zu Priestern ausbildete, um sie als Propagandisten auf die Insel zurückzuschicken. Die dort von der Polizei gefaßten und oft hingerichteten Geistlichen wurden von Allen als Märtyrer gefeiert. Da Elisabeth 1570 vom Papst gebannt, also exkommuniziert worden war, predigte Allen in seinen Büchern, es sei keine strafbare Handlung, sie zu ermorden. Hierauf bezieht sich V. 1271–79.

496 *Den edeln Schotten Morgan:* John M. (1543–1606?), Waliser, nicht Schotte, begeisterter Anhänger Maria Stuarts, der ab 1568 als Sekretär Talbots Spionagedienste für sie leistete. Im Zusammenhang mit der Ridolfi-Affäre (vgl. Anm. zu V. 70) wurde er verdächtigt und 1572 für zehn Monate im Tower gefangengehalten.

497 f. *Leßley, den gelehrten Bischof von Roße:* John Lesley (1527–96), Schotte, katholischer Geistlicher und Politiker, Vertrauter Marias während ihrer Regierung, seit 1566 Mitglied des Staatsrats und Bischof von Ross in Nordschottland. Wichtiger Verbindungsmann Marias während ihrer Haft.

509 *Die schönste aller Frauen:* Alle zeitgenössischen Berichte

stimmen darin überein, daß Maria Stuart eine ungewöhnlich attraktive Frau war.

516 *Märtyrtum:* Maria selbst sah sich gegen Ende ihrer Gefangenschaft immer mehr als katholische Märtyrerin, wurde aber in dieser Haltung auch von Büchern unterstützt, die sie schon zu Lebzeiten als Glaubensopfer feierten.

522 *Afterkönigin:* ahd. *aftar* ›hinten, nachfolgend‹. In vielen nhd. Wortverbindungen mit dem Nebensinn von ›falsch, unecht‹; daher hier: unrechtmäßige Königin.

524 *Bastardtochter: Bastard:* uneheliches Kind, meist mit einem adligen Elternteil. Elisabeth stammte aus Heinrichs VIII. zweiter Ehe mit Anne Boleyn. Da der Papst dem König die Scheidung von seiner ersten Frau Katharina von Aragon verweigert hatte, galt Elisabeth in der katholischen Welt als Bastard.

579–582 *Das Haus ... Vollstreckung:* Tatsächlich wurde Elisabeth vom Parlament und den Londonern gedrängt, Maria hinrichten zu lassen; mehrere Quellen Schillers berichten darüber.

607 *Dem Duc von Anjou schenkt sie Thron und Hand:* Schiller verlegt hier und in II,1 und II,2 Ereignisse ins Jahr 1587, die früher stattgefunden haben, denn der Herzog Franz von Anjou war schon 1584 gestorben. Er warb etwa zwölf Jahre lang um Elisabeth, die ihn immer wieder geschickt hinhielt, aber politischen Nutzen aus den Heiratsverhandlungen zog, die 1582 zu einem letzten Höhepunkt kamen: Der Herzog schickte im April 1582 eine französische Delegation nach England, die die Heirat vorbereiten sollte; im Zusammenhang damit fand das Turnier um die Minneburg II,1 statt.

615 *Die eigne Mutter der Elisabeth:* Anne Boleyn, zweite Frau Heinrichs VIII., am 19. Mai 1536 wegen angeblichen Ehebruchs hingerichtet. Vgl. V. 2431 f.

616 *Katharina Howard:* fünfte Frau Heinrichs VIII., im Februar 1542 wegen angeblichen Ehebruchs hingerichtet.

617 *Lady Gray:* Jane Grey, Enkelin der jüngeren Schwester Heinrichs VIII., und daher nach dem Tod Edwards VI. und gemäß seiner Thronfolgeordnung am 10. Juli 1553 zur Königin erklärt. Sie wurde wenige Tage später im Tower gefangengesetzt und 1554 hingerichtet.

644 *Tichburns:* Chidiock Tichbourne, katholischer Mitver-

schwörer Babingtons (vgl. Anm. zu V. 70) zur Befreiung
Maria Stuarts und zusammen mit ihm im September 1586
grausam hingerichtet. Die abgeschnittenen Köpfe von Verbrechern wurden häufig auf der London Bridge zur Warnung
aufgespießt und hingen dort oft jahrelang.

706 *Peers:* von lat. *pares* ›die Gleichen‹; die Gesamtheit des
geistlichen und weltlichen englischen Adels, aus dem sich
parlamentarisch das Herrenhaus (House of Lords, Oberhaus)
zusammensetzt. Zugleich ist das Oberhaus der oberste Gerichtshof.

732 *Themis:* griechische Göttin der Gerechtigkeit, dargestellt
mit Augenbinde und Schwert.

751 *Primas:* von lat. *primus* ›der Erste‹, höchster geistlicher
Würdenträger in der katholischen Hierarchie eines Landes.

752 *Der weise Talbot, der des Siegels wahret:* Shrewsbury war
nie Lordsiegelbewahrer, aber Schiller will ihn wohl durch
diese Würde als Gegenspieler Cecils ebenbürtiger machen.
Vgl. V. 4019 f.

753 *Howard:* Charles H., Lord Effingham, später Graf von
Nottingham (1536–1624), seit 1585 Lord High Admiral und
als solcher Sieger gegen die spanische Armada im Jahre 1588.

775 *Sklaven … Sultanslaunen:* Im 18. Jh. galt das orientalische
Herrschertum als Inbegriff des Despotismus.

776 *Großohms:* Heinrich VIII. war der Bruder von Marias
Großmutter.

815 *Tweede:* Tweed, Grenzfluß zwischen England und Schottland im Osten der britischen Insel.

831 *Ölbaums:* Nach 1. Mose 8,11 bringt die von der Arche
Noahs ausgesandte Taube als erstes Zeichen der gefallenen
Sintflut »ein Ölblatt« zurück. Daher ist der Ölbaum uraltes
Symbol des Friedens.

836 f. *wie mein … Streit:* Im englischen Erbfolgekrieg von
1452 bis 1485 kämpften die Häuser Lancaster (Wappen: rote
Rose) und York (Wappen: weiße Rose) um den Thron. In
der entscheidenden Schlacht von Bosworth fiel der Vertreter Yorks, König Richard III. (1483–85), so daß der Erbe
Lancasters, Heinrich Tudor, Graf von Richmond, als Heinrich VII. (1485–1509) den Thron bestieg. Er heiratete Elisabeth von York, versöhnte damit die feindlichen Häuser und
begründete die Tudor-Dynastie. Vgl. Anm. zu V. 89.

847–854 *Daß Ihr ... verfolge:* Wortlaut des »Gesetzes für die
Sicherheit der Königin«; vgl. Anm. zu V. 61 f.

884–886 *Auch Eure ... niederschrieben:* Marias Sekretäre während ihrer Gefangenschaft waren Claude Nau, ein Franzose,
und Gilbert Curle, ein Schotte. Beide wurden am 11. August
1586 im Zusammenhang mit der Babington-Verschwörung
verhaftet und gestanden auf der Folter, in Marias Auftrag
geheime Briefe geschrieben zu haben, in denen sie dem Mordanschlag auf Elisabeth zugestimmt habe. Daß Curle seine
Aussage später widerrufen hat (vgl. V. 3906–46), ist historisch
nicht wahr. Vgl. V. 3431–44, 3553–57.

929 *Mendoza:* Bernadino de M., spanischer Botschafter in England 1577–84.

980 *ruft':* Das schwache Präteritum ›rufte‹ war im 18. Jh. durchaus noch geläufig.

1039–64 *Wohl stünd's ... wehren:* Die diskrete Aufforderung
Elisabeths an Paulet, Maria heimlich aus dem Weg zu schaffen, ist historisch und in mehreren Quellen Schillers erwähnt.

Zweiter Aufzug

1080–96 *Ihr habt ... zurückziehn:* Das Turnier um »die keusche Festung / Der Schönheit« (V. 1083 f.) ist ein historisches
Ereignis, das am 15. Mai 1581 in London stattfand. Es war
Teil der Festlichkeiten zu Ehren der französischen Werbungsgesandtschaft für Franz von Anjou (vgl. Anm. zu V. 607). –
Schiller stellt der verlassenen Maria des 1. Aktes nun am
Anfang des 2. Aktes durch die Schilderung des Turniers
wirkungsvoll die umworbene Elisabeth gegenüber, ein Verhältnis, das sich im 5. Akt umkehrt: Dort wird Maria von
ihren Getreuen umringt, während Elisabeth einsam zurückbleibt.

1086 *Seneschall:* Haushofmeister.

1089 *Herold:* hier noch im mittelalterlichen Sinne: Schiedsrichter für den richtigen Ablauf eines Turniers, später auch fürstlicher Ausrufer oder Bote.

1090 *Madrigale:* urspr. Schäferlyrik, in der italienischen Renaissance kürzere, sangbare Gedichte.

1094 *Feldstücken:* Kanonen.

1104 *Monsieur:* Titel des nächst jüngeren Bruders des französischen Königs; gemeint ist also Franz von Anjou.

1121 f. *die königliche Mutter / Von Frankreich:* Katharina von Medici, vgl. Anm. zu V. 48.

1147 *Hochzeitfackel:* Der griechische Gott der Hochzeit, Hymen oder Hymenäus, wurde als Knabe dargestellt, der Fackel und Brautschleier hält.

1175 *Daß sie die Klöster aufgetan:* Anspielung auf die Aufhebung der Klöster unter Heinrich VIII.

1218 *Sie nimmt ihm das blaue Band ab:* Die Königin verleiht Bellièvre den Hosenbandorden. Ordenszeichen ist u. a. ein dunkelblaues Samtband, das unter dem linken Knie befestigt wird, mit dem Spruch *Honny soit qui mal y pense* (»Wehe, wer sich etwas Schlechtes dabei denkt«).

1256 f. *Der Freiheit ... Wahrheit:* der protestantische Glaube.

1263 *Der röm'sche Götzendienst:* der Katholizismus.

1266 *den lothringischen Brüdern:* den drei Söhnen von Marias Onkel Franz von Guise, Herzog von Lothringen: Heinrich, Karl und Ludwig von Guise.

1281 *Ate:* griechische Göttin der Zwietracht.

1291 *sich Englands Königin zu schreiben:* Als Maria Stuart 1559 Königin von Frankreich wurde, nahm sie in ihr Wappen das englische Wappen als Viertel auf und machte damit ihren Anspruch auf den englischen Thron geltend, möglicherweise der entscheidende Fehler ihres Lebens.

1370 *Vasallen:* lat. *vassus* oder *vasallus* ›Lehnsmann‹. Talbot spielt auf den schottischen Adel während Marias Regierungszeit an, der immer wieder gegen die Königsmacht aufstand.

1377–83 *Dir war ... auferzog:* Elisabeth war nicht von ihrem Vater, sondern von ihrer Halbschwester Maria der Spanischen (vgl. Anm. zu V. 102) 1554/55 in den Tower und nach Woodstock verbannt worden, da die katholische Maria die protestantische Elisabeth als Rivalin fürchtete. Vgl. V. 3155–59 und 3205 f.

1404 *für Erstaunen:* vor Erstaunen.

1422 *Heinrichs letzten Willen:* Nachdem Heinrich VIII. Elisabeth zunächst durch das Parlament hatte für illegitim erklären lassen, setzte er sie in seinem Testament wieder in die Erbfolge ein.

1425 *Papistin:* Anhängerin des Papstes, also Katholikin.

1450 *Sentenz:* hier: Rechtsspruch.

1470 *den großen Weg:* wörtliche Übersetzung von *grand tour*, der traditionellen Bildungsreise des jungen Adligen, deren klassische Zeit erst das 18. Jh. ist und die für Engländer meist durch Holland, Belgien, Frankreich und die Schweiz nach Italien führte.

1483 *In Ziffern:* in Chiffren, einer Geheimschrift.

1489 *Walsingham:* Sir Francis W. (1530–90), Staatssekretär seit 1573, strenger Protestant und fähiger, aber skrupelloser Politiker, der den englischen Geheimdienst organisierte und ihn bis zuletzt gegen Maria einsetzte.

1490f. *Auch eine Bulle ... geschleudert:* Papst Sixtus V. (1585–90) hatte den Kirchenbann gegen Elisabeth erneuert. Er war ursprünglich im Februar 1570 von Pius V. (1566–72) in der Bulle »Regnans in excelsis« ausgesprochen worden. Darin erklärte der Papst Elisabeth als abgesetzt und ihre Untertanen von der Treuepflicht gegen sie entbunden.

1531 *den ältesten Thron der Christenheit:* Frankreich auf Grund der fränkischen Tradition: Der Merowingerfürst Chlodwig trat 496 zum Christentum über.

1533 *Drei Kronen:* die Frankreichs, Englands und Schottlands.

1762–67 *Sie war ... Lebens:* Elisabeth schlug Leicester 1564 als Heiratskandidaten für Maria vor und machte ihn zum Grafen, damit er rangmäßig annehmbarer für sie war. Maria lehnte es ab, mit Elisabeths ehemaligem Favoriten vorliebzunehmen, und heiratete statt dessen Lord Darnley. Leicesters Ausspruch, er habe die Heirat von sich aus abgelehnt, ist daher falsch. Leicester gehörte dem Gericht über Maria an, nahm aber an der Verhandlung in Fotheringhay nicht teil und war auch bei der Hinrichtung nicht anwesend. Seine Liebesaffäre ist Schillers Erfindung.

1919 *Howard:* alte englische, mit dem Haus York und Elisabeth selbst verschwägerte Adelsfamilie. Ihr Haupt war bis zu seinem Tod der Herzog von Norfolk gewesen (vgl. Anm. zu V. 73–75).
Percy: alte englische Adelsfamilie aus dem Norden. Ihr Haupt, der Graf von Northumberland, war 1572 im Zusammenhang mit dem Aufstand des Adels aus dem Norden hingerichtet worden.

1962 *Der Duc ... gesehn:* historisch falsch; Franz von Anjou war zweimal, 1579 und 1582/83, bei Elisabeth in England.

2134 *Hifthorn:* das großgewundene Jagdhorn, das bei königlichen Parforcejagden geblasen wird.

Dritter Aufzug

2186 *Schlangenhaare:* Zu den körperlichen Schreckensmalen der drei Gorgonen, die nach der griechischen Mythologie am Westende der Welt sitzen, gehören auch die Schlangenhaare.

nach 2228 *Paulet:* Fehler der Erstausgabe: Es muß »Leicester« heißen und ist so schon im Leipzig-Dresdner Theatermanuskript und im Druck von 1807 geändert.

2318 *Furien:* römische Rachegöttinnen.

2329 *Die Natter ... legen:* einem Freund helfen, der sich später gegen einen wendet. Das Bild stammt aus Äsops Fabel *Der Bauer und die Schlange* und ist in vielen Texten seit der Antike nachweisbar.

2352 *Die Sankt Barthelemi:* In der Bartholomäusnacht 1572 (24. August) wurde in Paris u. a. auf Betreiben der Guisen bei einem Massaker anläßlich der Hochzeit Heinrichs von Navarra mit Margarete von Valois nahezu der gesamte protestantische Adel Frankreichs hingerichtet. Das Ereignis verschärfte das politische Klima zwischen den katholischen und den protestantischen Mächten Europas.

2356 *Ich übe ... lehren:* vgl. Anm. zu V. 493–495.

2360 *Sankt Peters Schlüssel:* die päpstliche Politik.

2374 *Armida:* weibliche Gestalt aus Torquato Tassos (1544–95) Versepos *Das befreite Jerusalem* (1581), Sinnbild der verführerischen Frau, die die Kampfkraft ihrer Feinde lähmt.

2441 *Basilisk:* mittelalterliches Fabelwesen, dessen Augen durch ihren bloßen Blick töten können.

2503 *In heimlicher Kapelle:* in der Privatkapelle des französischen Botschafters, vgl. V. 2678.

2505 *Ablaß:* in der katholischen Kirche der in einem Lossprechungsakt von der kirchlichen Autorität gewährte Erlaß zeitlicher Sündenstrafen, d. h. von Folgen der Sündenschuld – niemals von Schuld selbst und ewiger Strafe –, was in der kirchlichen Bußpraxis mißbräuchlich jedoch auch im vorhinein geschehen konnte.

2537 *Tyburn:* bis 1783 der öffentliche Richtplatz Londons an der Nordseite des Hydeparks.

2613 *Sauvage:* John Savage, katholischer Mitverschwörer Babingtons (vgl. Anm. zu V. 70) zur Befreiung Marias und mit ihm zusammen im September 1586 grausam hingerichtet. Schiller dramatisiert die Vorgänge: Zum tatsächlichen Mordanschlag auf die Königin ist es nie gekommen, da die englische Geheimpolizei durch einen in die Verschwörergruppe eingeschleusten Agenten über deren Pläne informiert war, ja die Ermordung Elisabeths selbst ins Spiel gebracht zu haben scheint, um überzeugenderes Anklagematerial zu haben.

2623 *Barnabit:* Angehöriger des Chorherrenordens der Barnabiten, der nach der Mailänder Kirche des hl. Barnabas genannt wurde und 1530 zur Pflege von Kriegsverwundeten und zur Bekehrung Ungläubiger gegründet worden war.

2626 *Anathem:* Anathema, der im 4. Jh. eingeführte Kirchenfluch.

2640 *mir zu betten:* altertümlich mit dem Dativ.

Vierter Aufzug

2665 *offizios:* im Amtston.

2668 *Der heilige Charakter:* die unverletzliche Stellung des Gesandten.

2687 *Hotel:* im Sinne von frz. *hôtel:* Stadtpalais der aristokratischen Familien; daher hier die Londoner Residenz des Botschafters.

3149 f. *Mein Volk ... zurück:* Die absolutistische Herrschaftstheorie der Zeit hat klassisch John Hobbes (1588–1679) in seiner Staatslehre *Leviathan* (1651) formuliert, die Schiller hier wohl im Sinn hat: Da die Menschen in der Urzeit in einem gesetzlosen Zustand, einem Kampf aller gegen alle leben, kann nur die Einführung des Staates einen Gesetzeszustand herstellen, der dem Einzelnen Schutz bietet. Das Volk wählt daher einen Herrscher und begibt sich ein für allemal damit seiner »Majestät«: Es tritt seine Selbstbestimmung an den Herrscher ab und unterwirft sich ihm in alle Zukunft

bedingungslos. Um das Recht setzen zu können, muß der
Herrscher über ihm stehen und absolut sein. Elisabeth koket-
tiert also damit, den Herrschaftsvertrag zwischen Volk und
König aufzulösen und den ursprünglichen Zustand der Ge-
setzlosigkeit wieder herzustellen.

3175 f. *Legat / Aus Rom:* Die Legaten waren die zur Ausübung
der päpstlichen Regierungsgewalt in die einzelnen Länder
geschickten Bevollmächtigten.

Fünfter Aufzug

Agnus Dei: (lat.) Lamm Gottes; eine kleine Wachsscheibe, in die
das Bild eines Lammes mit der Siegesfahne eingedrückt und
die vom Papst gesegnet ist.

3649 *Ich bin ein Priester:* Der historische Andrew Melvil war
Protestant.

3652 *Die sieben Weihn:* Der eigentlichen Priesterweihe gehen
vier niedere und zwei höhere Weihen voraus.

3653 f. *Und diese ... geweihet:* Daß der Papst Maria eine geweihte Hostie gesandt habe, wird in verschiedenen Quellen
berichtet.

nach 3747 *konsekriert:* von lat. *consecrare* ›weihen‹.

3750 f. *das höchste Recht / Der Könige, das priesterliche:* Es war
das Vorrecht der Könige beim Abendmahl, wie die Priester
Hostie u n d Wein zu sich zu nehmen, während die übrigen
Gläubigen in der katholischen Kirche bis heute nur die Oblate
gereicht bekommen.

3988 *Squire:* auch Esquire, Titel von Nichtadligen, die das
Recht hatten, ein Wappen zu führen, dann allgemein ›Herr‹.

ZUR ENTSTEHUNG VON »MARIA STUART«

Das Ende der schottischen Königin Maria Stuart ist
sozusagen ein Stoff der gemeineuropäischen Literatur.
Von den überlieferten zwei Hauptzügen der historischen
Maria (1542–87), ihrer verführerischen, wahrscheinlich
bis zum Gattenmord reichenden Leidenschaftlichkeit und
ihrer politischen und konfessionellen Beharrlichkeit,
wählte schon die Publizistik und Literatur des 16. Jahr-
hunderts mit Vorzug den zweiten. Das Schicksal der
katholischen Maria wurde mehr und mehr zum Muster-
stoff der barocken Märtyrertragödie, an dem Exempel
ihres Sterbens – die Vorgeschichte wurde eliminiert –
sollte christliche constantia, sich im Leiden bewährende
Standhaftigkeit, bewiesen werden.

Beginnend mit Adrian de Roulers' *Stuarta Tragoe-
dia* (1593), entwickelte zunächst das Ordensdrama eine
Reihe von Fassungen für Aufführungen in Prag, Krems
und Neuburg, die weiter auf das Volksschauspiel wirk-
ten. Im Stil des anspruchsvolleren Renaissancedramas
und dann später während des Barock entstanden grö-
ßere, mehr oder weniger eigengeprägte Gruppen von
Stuart-Dramen in Italien (Campanella, Ruggiero, della
Valle, Savaro di Mileto, Celli), Spanien (Diamante) und
Frankreich (de Montchrestien, Regnault, Boursault,
Tronchin). Für Deutschland wurde am wichtigsten der
Einfluß des niederländischen Dramatikers Joost van den
Vondel, der 1646 eine *Maria Stuart of gemartelde
Majesteit* geschrieben hatte. Diese Tragödie bearbei-
tete Ch. Kormart 1673 für die deutsche Bühne, und über
Gryphius, der mit *Carolus Stuart* einen anderen Stuart-
Märtyrer gewählt hat, steht auch August Adolf von
Haugwitz mit *Schuldige Unschuld oder Maria Stuarda*
(1683) in einer gewissen Abhängigkeit von Vondel. Doch
repräsentiert Haugwitz bereits das Epigonentum des
Spätbarock.

Jedenfalls hatte der Stoff, als sich Schiller ihm zu-
wandte, schon eine reiche Tradition als barocke Märtyrertragödie, deren Hereinwirken in die deutsche Klas-
sik an diesem Beispiel gut zu beobachten ist. Schiller
beschäftigte sich im Februar 1783, in seinem Bauer-
bacher Asyl und während gleichzeitiger Versuche mit
einem *Fritz Imhoff* und vor allem mit *Don Carlos,*
erstmals mit dem *Stuart*-Stoff. Damals lieh er sich von
dem Meininger Bibliothekar die *Geschichte Schottlands*
von Robertson (1759) aus, die ihm ebenso wie William
Camdens *Annales rerum Anglicarum et Hibernicarum
regnante Elisabetha* (1615) auch später noch zur Quelle
diente. Zunächst aber nahm den jugendlichen Dichter, der
sich erst allmählich von der Sturm-und-Drang-Epoche
entfernte, der *Don Carlos* gefangen. Und erst als auch
nach jahrelanger Beschäftigung mit dem *Wallenstein* dessen Höhe des politisch-historischen Dramas erreicht war,
wandte Schiller sich wieder dem *Maria Stuart*-Stoff zu –
nun mit dem Ziel, das Historische in einem überpersön-
lich Tragischen aufgehen und Distanz und Objektivität
walten zu lassen.

Die Entstehung der *Maria Stuart* vollzieht sich in stän-
digem Kontakt und Gedankenaustausch mit Goethe, und
noch bevor Schiller in der Stoffwahl entschieden ist,
schreibt er im Brief vom 19. März 1799 an Goethe von
den Intentionen, die ihn bei der weiteren Arbeit bewegen sollen: »Ich werde Ihnen, wenn Sie hier sind,
einige tragische Stoffe, von freier Erfindung, vorlegen,
um nicht in der ersten Instanz, in dem Gegenstande,
einen Mißgriff zu tun. Neigung und Bedürfnis ziehen
mich zu einem frei phantasierten, nicht historischen, und
zu einem bloß leidenschaftlichen und menschlichen Stoff,
denn Soldaten, Helden und Herrscher habe ich vor jetzt
herzlich satt.«
Vom 10. bis 25. April hielt sich Schiller in Weimar auf,
um den Proben und ersten Aufführungen von *Wallen-
steins Tod* beizuwohnen. Nach Jena zurückgekehrt, schrieb
er am 26. April an Goethe: »Die Zerstreuungen, die ich
in Weimar erfahren, klingen heute noch bei mir nach und

ich kann noch zu keiner ruhigen Stimmung kommen. Indessen habe ich mich an eine Regierungsgeschichte der Königin Elisabeth [Camden] gemacht und den Prozeß der Maria Stuart zu studieren angefangen. Ein paar tragische Hauptmotive haben sich mir gleich dargeboten und mir großen Glauben an diesen Stoff gegeben, der unstreitig sehr viel dankbare Seiten hat. Besonders scheint er sich zu der Euripidischen Methode, welche in der vollständigsten Darstellung des Zustandes besteht, zu qualifizieren, denn ich sehe eine Möglichkeit, den ganzen Gerichtsgang zugleich mit allem Politischen auf die Seite zu bringen, und die Tragödie mit der Verurteilung anzufangen. Doch davon mündlich und bis meine Ideen bestimmter geworden sind.«

Goethe war dann vom 1. bis 27. Mai 1799 in Jena, und sein Tagebuch verzeichnet gleich am ersten Tag: »Abends bei Hofrat Schiller: über die dramatische Behandlung von Maria Stuart«, am 9. Mai: »Abends bei Schiller, vorher gegen Lobeda spazierengefahren mit ihm: über englische Geschichte«. Am 4. Juni schreibt Schiller wieder nach Weimar: »Ich habe mich nicht enthalten können, weil das Schema zu den ersten Akten der Maria in Ordnung und in den letzten nur noch ein einziger Punkt unausgemacht ist, um die Zeit nicht zu verlieren, gleich zur Ausführung fortzugehen. Ehe ich an den zweiten Akt komme, muß mir in den letzten Akten alles klar sein. Und so habe ich denn heute, den 4ten Juni, dieses Opus mit Lust und Freude begonnen und hoffe, in diesem Monat schon einen ziemlichen Teil der Exposition zurückzulegen.«

Im Brief vom 11. Juni berichtet er weiter: »Die Arbeit geht zwar sehr langsam, weil ich den Grund zum Ganzen zu legen habe, und beim Anfang alles darauf ankommt, sich nichts zu verderben, aber ich habe gute Hoffnung, daß ich auf dem rechten Wege bin. Wenn ich nicht zuviel Zeit verlöre, so hätte ich wohl eine Versuchung gehabt, das Stück, welches morgen in Weimar gegeben wird, zu sehen. Bei meinem jetzigen Geschäft könnte die Anschauung eines neuen historischen Stücks auf der Bühne, wie es auch sonst beschaffen sein möchte, nützlich auf mich wirken. Die Idee, aus diesem Stoff ein Drama zu machen, gefällt mir nicht übel. Er hat schon den wesentlichen Vorteil bei sich, daß die Handlung in einen tatvollen Moment konzentriert ist und zwischen Furcht und Hoffnung rasch zum Ende eilen muß. Auch sind vortreffliche dramatische Charaktere darin schon von der Geschichte hergegeben.«

Am 18. Juni: »Ich fange schon jetzt an, bei der Ausführung, mich von der eigentlich *tragischen* Qualität meines Stoffs immer mehr zu überzeugen, und darunter gehört besonders, daß man die Katastrophe gleich in den ersten Szenen sieht und, indem die Handlung des Stücks sich davon wegzubewegen scheint, ihr immer näher und näher geführt wird. An der Furcht des Aristoteles fehlt es also nicht, und das Mitleiden wird sich auch schon finden.

Meine Maria wird keine weiche Stimmung erregen, es ist meine Absicht nicht, ich will sie immer als ein physisches Wesen halten, und das Pathetische muß mehr eine allgemeine tiefe Rührung als ein persönlich und individuelles Mitgefühl sein. Sie empfindet und erregt keine Zärtlichkeit, ihr Schicksal ist nur heftige Passionen zu erfahren und zu entzünden. Bloß die Amme fühlt Zärtlichkeit für sie. Doch ich will lieber tun und ausführen, als Ihnen viel davon vorsagen, was ich tun will.«

Am 12. Juli an Goethe: »Mit meiner Arbeit geht es zwar nicht sehr schnell, aber doch seit einiger Zeit ohne Stillstand fort. Die nötige Exposition des Prozesses und der Gerichtsform hat, außerdem daß solche Dinge mir nicht geläufig sind, auch eine Tendenz zur Trockenheit, die ich zwar überwunden zu haben hoffe, aber doch nicht ohne viel Zeit dabei zu verlieren, und zu umgehen war sie nicht. Die englische Geschichte von Rapin Thoyras, die ich seit dieser Arbeit lese, hat den guten Einfluß, mir das englische Lokal und Wesen immer lebhaft vor der Imagination zu erhalten.«

Am 19. Juli: »Von der Maria Stuart werden Sie nicht mehr als *einen* Akt fertig finden; dieser Akt hat mir deswegen viel Zeit gekostet und kostet mir noch 8 Tage, weil ich den poetischen Kampf mit dem historischen Stoff darin bestehen mußte und Mühe brauchte, der Phantasie eine Freiheit über die Geschichte zu verschaffen, indem ich zugleich von allem, was diese Brauchbares hat, Besitz zu nehmen suchte. Die folgenden Akte sollen, wie ich hoffe, schneller gehen, auch sind sie beträchtlich kleiner.«

Worin dieser »poetische Kampf mit dem historischen Stoff« unter anderem bestand, zeigen die drei eigenen Erfindungen, die Schiller der historischen Überlieferung beigab: Leicesters Verhältnis zu Maria, die Gestalt Mortimers und die persönliche Begegnung der beiden Königinnen. Alle haben den Effekt, zunächst eine Hoffnung auf Lösung zu wecken, dann aber doch nur den Fall ins Tragische zu beschleunigen. So gewissermaßen auch aufs Handwerkliche gerichtet, schaut Schiller nach den Erfahrungen mit *Don Carlos* und *Wallenstein* mehr als früher auf Bühnenpraxis und -wirksamkeit. Unsicher im Urteil über die schon vorliegenden *Maria Stuart*-Akte, schreibt er im August: »Lebhaft aber fühle ich mit jedem Tage das Bedürfnis theatralischer Anschauungen …« und »… die sinnliche Gegenwart des Theaters muß mir eine Menge faux frais ersparen, die mir jetzt unvermeidlich sind, weil ich die Vorstellung der lebendigen Masse nicht habe.«

Am 16. August äußert er dann gegenüber Goethe: »Ich hoffe, daß in dieser Tragödie alles theatralisch sein soll, ob ich sie gleich für den Zweck der Repräsentation etwas enger zusammenziehe. Weil es auch *historisch* betrachtet ein reichhaltiger Stoff ist, so habe ich ihn, in historischer Hinsicht, auch etwas reicher behandelt und Motive aufgenommen, die den nachdenkenden und instruierten Leser freuen können, die aber bei der Vorstellung, wo ohnehin der Gegenstand sinnlich dasteht, nicht nötig und wegen historischer Unkenntnis des großen Haufens auch ohne Interesse sind. Übrigens ist bei der Arbeit selbst schon auf alles gerechnet, was für den theatralischen Gebrauch wegbleibt, und es ist durchaus keine eigene Mühe dazu nötig wie beim Wallenstein.« Bezeichnend heißt es auch am 20. August: »Überhaupt glaube ich, daß man wohl tun würde, immer nur die allgemeine Situation, die Zeit und die Personen aus der Geschichte zu nehmen und alles übrige poetisch frei zu erfinden, wodurch eine mittlere Gattung von Stoffen entstünde, welche die Vorteile des historischen Dramas mit dem erdichteten vereinigte.«

Hatte sich schon der frühe Sommer, teils durch Besuche, teils durch andere Verpflichtungen und Hindernisse, für die Arbeit an dem Drama nicht günstig gezeigt, so wird sie auch jetzt und im weiteren Verlauf noch öfters unterbrochen: durch Reisen, Arbeiten für den Musenalmanach von 1800, die Geburt von Schillers Tochter Caroline, die Erkrankung seiner Frau, den Umzug nach Weimar. Immerhin war dann bis zum 3. September die Handlung bis zur Begegnung der beiden Königinnen geführt: »Die Situation ist an sich selbst moralisch unmöglich, die ich sehr verlangend, es mir gelungen ist, sie möglich zu machen. Die Frage geht zugleich die Poesie überhaupt an, und darum bin ich doppelt begierig sie mit Ihnen zu verhandeln.

Ich fange in der Maria Stuart an mich einer größern Freiheit oder vielmehr Mannigfaltigkeit im Silbenmaß zu bedienen, wo die Gelegenheit es rechtfertigt. Diese Abwechslung ist ja auch in den griechischen Stücken, und man muß das Publikum an alles gewöhnen.«

Im Laufe der folgenden Monate fanden im persönlichen Verkehr zwischen Schiller und Goethe noch mehrere Gespräche über die Arbeit an *Maria Stuart* statt, bis Schiller am 3. Dezember ganz nach Weimar übersiedelte. Am Silvestertag arbeitete er an der Todesszene Mortimers (»zwischen jetzt und dem Abend will ich suchen einen meiner Helden noch unter die Erde zu bringen«). Nach der eingeschobenen *Macbeth*-Bearbeitung für die Weimarer Bühne war am 5. Mai 1800 der 4. Akt beendet. Die Leseproben mit den Schauspielern schlossen sich sogleich an. In der zweiten Maihälfte entstand, nachdem sich Schiller nach Ettersburg, in »meine poetische Einsamkeit« zurückgezogen hatte, der Schlußakt, so daß er am 9. Juni das Werk beendet nach Weimar zurückbringen konnte.

Die Erstaufführung fand am 14. Juli in Weimar statt. Unter ihrem Eindruck meinte Schiller zwei Tage später: »Ich fange endlich an, mich des dramatischen Organs zu bemächtigen und mein Handwerk zu verstehen«. Tatsächlich darf man sagen, daß *Maria Stuart* im Technischen das vollkommenste und regelmäßigste, das am meisten klassische Bühnenwerk Schillers geworden ist.

Die Buchausgabe der *Maria Stuart* erschien erst Ende April 1801 bei Cotta in Tübingen. Bühnenmanuskripte der Leipzig-Dresdener und des Hamburger Theaters, wie auch die auf einen noch früheren Stand zurückgehende englische Übersetzung von J. C. Mellish, dem Schiller das Manuskript während der Arbeit aktweise mitgeteilt hatte, zeugen von noch einigen Umgestaltungen in der Zwischenzeit.

Friedrich Schiller

EINZELAUSGABEN IN RECLAMS UNIVERSAL-BIBLIOTHEK

Philipp Reclam jun. Stuttgart